QUE SAIS-JE ?

La littérature américaine

DANIEL ROYOT
Professeur émérite à l'Université Sorbonne nouvelle

Merci à Françoise Clary,
Patrick Badonnel
et François Duban
pour leur lecture attentive
et leurs suggestions.

ISBN 2 13 054124 0

Dépôt légal — 1re édition : 2004, mars

INTRODUCTION

Ce travail de synthèse se présente comme une invitation à la lecture d'œuvres inscrites dans l'évolution de la création littéraire de langue anglaise depuis l'Amérique coloniale jusqu'aux États-Unis d'aujourd'hui. La méthode choisie répond à une exigence d'objectivité dont on sait combien elle est difficile à satisfaire. Dans le cadre de cette collection il s'agissait donc de proposer des pistes en suivant les grands mouvements et en s'arrêtant sur les phases cruciales qui ont consacré des auteurs à la fois originaux et représentatifs. Roman, poésie, théâtre et essai ont une place dans ce panorama qui ne saurait cependant s'assimiler à un simple catalogue. Quand sa stature s'imposait, un écrivain a bénéficié d'un volume substantiel de commentaires. Chaque époque est marquée par des modes de pensée qui résistent souvent au temps et coexistent ensuite avec de nouvelles approches. C'est pourquoi un strict découpage chronologique aurait pu dérouter. Mark Twain, Robert Frost et aujourd'hui Saul Bellow et Norman Mailer ont franchi des décennies sans cesser de produire. La montée du multiculturalisme s'est accompagnée d'un développement considérable de la littérature féminine et ethnique et d'une réévaluation d'œuvres méconnues du passé. Ces aspects sont naturellement présents dans cet ouvrage. Le titre en français des œuvres traduites a été généralement cité. Néanmoins les titres originaux en anglais de tous les ouvrages ont été préservés dans le dernier chapitre. Certaines confusions et disparités auraient pu naître en effet si des textes non encore traduits avaient vu leur titre transposé arbitrairement en français.

Chapitre I

DE L'AMÉRIQUE COLONIALE À LA JEUNE RÉPUBLIQUE

1. **Histoire et récit.** – Le capitaine John Smith publie en 1624, une histoire des deux premières colonies anglaises d'Amérique du Nord. Elle traduit une double expérience. Celle du colon dans les années qui suivent la fondation de Jamestown, Virginie en 1607, et celle du navigateur le long des côtes de la Nouvelle-Angleterre en 1614. Le récit de Smith reflète la vision lucide d'un fils de fermier anglais devenu explorateur, qui réagit avec pragmatisme en mesurant les ressources mais aussi les dangers du Nouveau Monde. Le devoir d'informer lui semble compatible avec son désir de s'inscrire avec éclat dans l'aventure américaine. La chronique devient légende avec l'épisode de sa condamnation à mort et le salut qu'il doit à l'intercession de la princesse Pocahontas auprès de son père, le chef indien Powhatan. William Bradford est le premier gouverneur de la colonie fondée à Plymouth au Massachusetts par les puritains arrivés sur le *Mayflower* en 1620. Ce sont des protestants séparatistes de l'Église anglicane, détenteurs d'une charte coloniale. Bradford achève son *Histoire de la plantation de Plymouth* en 1651. Elle ne sera publiée qu'en 1856. Il y décrit avec minutie les vicissitudes des « pèlerins » qui, ayant fui les persécutions et choisi l'exil, sont confrontés à la nature sauvage et en proie aux intrigues

des agents de Londres. Si la première partie célèbre le triomphe de la providence et la foi héroïque des puritains, la seconde révèle l'inquiétude d'une communauté divisée sur son avenir. Bradford évoque en outre avec acrimonie les frasques de l'hérétique Thomas Morton, un intrus qui perturbe la sérénité des dévots en introduisant des fêtes païennes, et auteur, dans la verve de Geoffrey Chaucer, d'une satire des pasteurs rabat-joie (*The New English Canaan,* 1637). La puissante colonie de la Baie du Massachusetts fondée en 1630, a pour gouverneur John Winthrop qui dans son journal associe l'expérience puritaine à l'Exode et à la Terre promise, non sans invoquer le Dieu de la colère afin de stigmatiser les esprits subversifs. Nathaniel Ward, législateur zélé, fustige à son tour les modes décadentes venues d'Europe et les imposteurs qui s'en prévalent (*Le Simple savetier d'Aggawam,* 1647). *The Sincere Convert* (1641) de Thomas Shepard traduit la vigueur spirituelle du congrégationalisme. De caractère hagiographique, *Magnalia Christi Americana* (1702) de Cotton Mather est enfin une monumentale rétrospective de l'œuvre accomplie par les saints, au milieu des périls qu'a fait naître Satan dans les âmes égarées.

2. **La montée des périls.** – Les colonies puritaines portent en elles-mêmes les germes de la dissidence. Contestant l'omnipotence d'une hiérarchie de pasteurs qui inclinent à la théocratie, Roger Williams, ministre du culte à Salem, défend un idéal égalitaire nourri de mysticisme. Banni en 1635, il fonde ensuite la colonie de Providence. Épris de tolérance et de liberté, il écrit *The Bloody Tenent of Persecutions* (1644) après avoir servi la cause des Indiens Algonquins en faisant

connaître leur langue (*Clé du langage américain,* 1643). Le projet de conversion des Indiens au christianisme se solde par un cuisant échec que confirme la guerre livrée en 1675 par le roi Philip (Metacomet) chef des Wampanoags. L'épreuve de la captivité subie par Mary Rowlandson aux mains d'Indiens assimilés à des créatures démoniaques donne lieu à un récit autobiographique qui servira plus tard de modèle littéraire. On reconnaît une allégorie de la délivrance dans les références bibliques qui jalonnent le texte ponctué par le geste de miséricorde divine (*Narrative of the Captivity and Restoration of Mary Rowlandson,* 1682).

3. **Formes d'écriture : sermons, jérémiades et poésies.** – Diplômés d'Oxford et de Cambridge, les chefs spirituels insufflent une culture biblique dont l'Université de Harvard, créée en 1636, devra assurer la pérennité. La littérature religieuse et politique d'essence puritaine prolifère à Boston, après avoir été bannie en Angleterre. Œuvres apologétiques, journaux personnels et pamphlets alimentent les multiples polémiques entre gardiens de l'orthodoxie et dissidents. *Providences miraculeuses en Nouvelle-Angleterre du sauveur de Sion* d'Edward Johnson répond aux critiques des presbytériens en affirmant la vocation du peuple élu d'Amérique à réaliser les prophéties des Écritures. Vécue comme une ascèse, l'expérience quotidienne est obstinément scrutée pour y découvrir les signes de la grâce. Seul un décret de Dieu permet en effet d'échapper à la damnation. Le péché, la dépravation, la persévérance des saints (les heureux élus), et le salut éternel constituent la thématique du sermon, genre majeur immensément populaire où l'éloquence entend conférer à la vérité

divine beauté, lumière et vigueur. Les grands prédicateurs comme John Cotton et Thomas Hooker incitent au repentir en dépeignant les affres de l'enfer avec une rhétorique consommée. Le style prosaïque délibéré traduit la détermination du chrétien à mettre l'humilité au service de sa foi. Le drame du salut prend la forme d'incantations rituelles avec les « jérémiades » dès lors que s'émousse la ferveur des colons. C'est à partir de 1670 que sont évoqués les dangers d'insubordination et d'apostasie, de nature à trahir le dessein messianique de la Nouvelle-Angleterre. Présences démoniaques et monstres marins annoncent une calamité imminente aussi faut-il traquer le Malin, là où il agit. *Wonders of the Invisible World* de Cotton Mather, justifie la chasse aux sorcières qui accable la colonie en 1692. C'est ailleurs la forme poétique que choisit Michael Wigglesworth dans « Le Jour du Jugement dernier » (1662). Vision d'apocalypse sur le rythme de la ballade, ce long poème narratif et didactique sera récité par des générations d'écoliers. Plus intime est la voix d'Ann Bradstreet dont *The Tenth Muse* (1650) est un recueil de poèmes où persiste l'esprit de la Renaissance dans l'évocation de l'amour humain et divin, outre les joies et les souffrances de la vie domestique. La contemplation éblouie des beautés du monde y tempère aussi l'amertume d'une femme contrainte à la réserve dans l'univers puritain où la tentation d'Ève demeure dans les esprits. Les *Meditations* d'Edward Taylor allient le sublime au baroque dans une débauche de métaphores qui rappellent les poètes métaphysiques comme John Donne. Jésus y est symboliquement orfèvre, tisserand ou forgeron de la divine manufacture.

4. **Évolution des cultures coloniales.** – Figure de transition, Samuel Sewall révèle implicitement dans son journal (1674-1729) l'ambivalence du caractère puritain à l'orée du XVIIIe siècle. Juge aux procès en sorcellerie de Salem, il se repentira publiquement de ses erreurs. Son orthodoxie religieuse se tempère d'une adhésion au mercantilisme et sa rigueur calviniste s'accommode de confidences intimes sur sa vaine cour à la veuve du pasteur Winthrop. Le nouvel esprit qui souffle en Amérique semble cependant étranger à la Nouvelle-Angleterre. Le quaker William Penn marque la colonie de Pennsylvanie de son empreinte mais ses maximes de *The Fruits of Solitude* (1693) n'ont qu'une modeste portée. En Virginie, William Byrd est un grand planteur imprégné de culture classique anglaise. Agent colonial et arpenteur il écrit entre 1709 et 1741, un journal qui sera publié en 1941-1942. Si la nature qu'il dépeint recèle nombre d'obstacles à vaincre, nulle présence diabolique n'a de quoi effrayer le pionnier. Le gentleman sait aussi adapter le style de Jonathan Swift à l'évocation de rustres hauts en couleur qui peuplent les colonies de Virginie et de Caroline du Nord. Plus incisif est le poème narratif *The Sot-Weed Factor* (1708) d'Ebenezer Cooke qui tourne en dérision la naïveté des Anglais attirés au Maryland par la propagande des compagnies coloniales sur l'Éden présumé d'outre-Atlantique. Dans le registre du burlesque, le narrateur est confronté à la violence de prédateurs humains et animaux ainsi qu'aux mœurs dissolues de communautés indigènes à demi civilisées.

C'est en Nouvelle-Angleterre que naît un nouvel élan mystique au milieu du XVIIIe siècle sous l'impulsion de Jonathan Edwards (1703-1758). Il a étudié la théologie à l'Université de Yale avant de prendre la succession de son grand-père Solomon Stoddard comme pasteur de Northampton. Attaché au congrégationalisme puritain, il combat les hérésies qui font dépendre la grâce des bonnes œuvres. Lecteur de Locke et de Newton, cet esprit scientifique entend régénérer la foi en communiquant sa ferveur avec une intensité de nature à provoquer un ébranlement de l'âme. Pour les élus, le monde irradie la présence du Divin et exprime sa gloire. Il ne reste à l'homme dépravé qu'à chercher intensément des signes de son salut. Les débordements parfois hystériques des assemblées de fidèles attestent le retentissement du « Grand Réveil » au milieu du XVIIIe siècle (*Pécheurs entre les mains d'un Dieu en colère,* 1741).

5. **L'Amérique des Lumières.** – Benjamin Franklin (1706-1790) est l'archétype du colon qui s'affranchit progressivement de la tutelle européenne et entre dans l'âge de la Raison. L'un des Pères fondateurs des États-Unis, il a cosigné la Déclaration d'Indépendance (1776) et la Constitution (1787). Né à Boston, il publie en 1722, sous le pseudonyme de Silence Dogood, des satires de l'autorité puritaine dans le *New England Courant* dirigé par son demi-frère James. À 17 ans il quitte la Nouvelle-Angleterre pour Philadelphie. Ce grand scientique et inventeur de talent contribue à la renommée de la ville où il fonde l'American Philosophical Society. Son *Almanach du Bonhomme Richard* (1733-1758) qui se veut à la fois instructif et divertissant, décrit les mœurs du nouvel Américain en s'inspirant de Defoe, Fielding, Swift et Addison. Une morale laïcisée et des conseils utiles pour la vie courante, notamment sur le moyen de s'enrichir honnêtement (« The Way to Wealth », 1757), sont pimentés

de canulars et de proverbes tantôt empruntés aux classiques, tantôt originaux. Sous divers masques, Franklin brocarde les institutions coloniales et les abus de la justice par la voix d'une prostituée irrévérencieuse (« The Speech of Polly Baker »). Son engagement dans la vie politique locale lui vaut de représenter la Pennsylvanie, puis les colonies à Londres où il ne manque pas de railler l'armée britannique et ses mercenaires. Son rôle dans la guerre d'Indépendance le désigne ensuite pour négocier un traité avec Paris où il reste jusqu'en 1785. Il y rédige des « bagatelles » dans sa correspondance frivole avec des dames de la haute société. À la manière des libertins, il allie l'humour autocritique à la simulation quand il plaisante sur sa goutte et fait la cour à la veuve du philosophe Helvétius dont le défunt mari préconisait l'amour libre (« À Notre-Dame d'Auteuil », 1778). Son *Autobiographie* commencée en 1771 et inachevée, reflète la vision composite d'un Yankee avide de réussite mais proche de Voltaire par la lucidité narquoise et l'esprit de tolérance. Libéré des fantasmes puritains, il conçoit depuis sa jeunesse que le meilleur moyen de servir Dieu est de faire le bien. Il offre ainsi à sa descendance et corollairement à la postérité le guide des vices et des vertus qu'il s'est constitué pour atteindre la perfection morale. Mais avec le ton pince-sans-rire qui le caractérise, il avoue son inaptitude à l'humilité. Pragmatique et matois, il sait habilement faire la part du jeu entre apparence et réalité auquel l'a habitué une expérience unique entre Ancien et Nouveau Monde. Il n'est pas de meilleur exemple de son désaveu de l'esclavage que sa rencontre avec la poétesse noire américaine Phillis Wheatley en 1773 à Londres où elle est invitée après avoir rendu hommage au prédicateur évangéliste

George Whitefield. Importée comme esclave, elle fut encouragée à lire et à écrire par ses maîtres de Boston qui, la considérant comme leur fille, favorisèrent ainsi son talent. Dans « On Being Brought from Africa » (1773) elle dit aux chrétiens blancs « le nègre, noir comme Caïn peut être purifié pour suivre le cortège des anges ».

6. **Vers une littérature nationale : conscience politique et identité.** – Ce sont des écrits politiques qui au temps de la Révolution américaine détournent pour un temps les lecteurs des œuvres britanniques dont ils sont familiers. Aventurier anglais au passé tumultueux, Thomas Paine (1737-1809) reçoit l'aide de Franklin pour commencer une nouvelle vie en 1774. Il publie en janvier 1776 son essai *Common Sense* qui, prescrivant une déclaration d'indépendance immédiate, fait sensation à Philadelphie où les délégués des colonies débattent de réformes urgentes. Outre ses 16 pamphlets de *The American Crisis* destinés à soutenir la guerre jusqu'en 1783, on lui doit *Les Droits de l'homme* (1791-1792) et *L'Âge de la Raison* (1794-1796) où il défend la Révolution française à laquelle il a participé après son retour en Europe en 1787. Emprisonné à Paris puis libéré après la Terreur, il revient aux États-Unis, où on l'accuse d'être un Jacobin athée. Il termine sa vie dans l'opprobre à New Rochelle.

Président en 1801, Thomas Jefferson fait partie de la dynastie des Virginiens. Ses *Notes on the State of Virginia* (1785) témoignent de la fertilité intellectuelle d'un humaniste éclectique, soucieux de préserver les institutions démocratiques des périls de la tyrannie et de l'anarchie, dans une nation en devenir. Publiés sous la forme d'articles de presse puis réunis en deux volumes *The Federalist* (1788), consiste en 85 essais signés du pseudonyme Publius. L'ouvrage est dû à l'initiative d'Alexander Hamilton, futur secrétaire d'État de George Washington en 1789. John Jay et James Madison ont participé à la rédaction de cet ensemble de réflexions sur les principes du gouvernement à l'instar du fédéralisme, de la séparation des pouvoirs et de la démocratie représentative. C'est avec réalisme que les auteurs entendent mettre en garde contre les calamités qui ont fondu sur d'autres nations. Tour à tour arpenteur, cartographe, négociant avec les Indiens et lieutenant de l'armée royale en Nouvelle-France, M.-G.-J. (J. Hector St John) de Crèvecœur (1735-1813) né en Normandie, passe des « arpents de neige » du Canada, abandonnés aux Anglais en 1763, à la région de New York où il devient fermier avant la guerre d'Indépendance. Il y écrit *Letters from an American farmer*. Le livre n'est publié qu'en 1782 alors que, soupçonné de sympathie avec les Loyalistes à la Couronne britannique, il a choisi l'exil en Europe. S'interrogeant sur l'Américain « ce nouvel homme », Crèvecœur s'exprime par le truchement imaginaire d'un cultivateur prospère qui sur le Nouveau Continent, se régénère en se forgeant une identité sortie de sa chrysalide européenne. S'il déplore l'esclavage des Noirs et récuse le recours à la violence des patriotes américains, il confère à l'évocation de la vie rurale une authenticité servie par son style vigoureux. L'intérêt pour la nature se manifeste aussi chez William Bartram (1739-1823) dont le père John, botaniste et créateur des jardins de Philadelphie est mentionné par Crèvecœur. Naturaliste quaker, William a livré le récit de ses voyages au sud-est des États-Unis (*Travels,*

1791) dans une prose où s'allient l'observation méticuleuse, la contemplation religieuse et le lyrisme. Son goût de l'hyperbole donne parfois une dimension quasi miraculeuse à la nature américaine.

7. **Le nouveau temps des poètes.** – La poésie de la Révolution reste généralement tributaire de la diction poétique anglaise apprise au cours d'études de droit ou de théologie à Yale, Harvard ou Princeton. Entre vers épiques et héroï-comiques la rhétorique déclamatoire vise à défendre et illustrer les thèmes patriotiques tout en ironisant sur la démagogie des politiciens et la vulgarité des masses. Les « hommes d'esprit » du Connecticut qui constituent un groupe littéraire à Hartford publient collectivement *The Anarchiad* (1786-1787). Parmi eux, Joel Barlow, ami de Paine et naturalisé français sous la Convention, annonce dans *Vision of Columbus* (1787) republié en 1807 sous le titre *The Columbiad,* un avenir radieux pour la jeune république. Son poème « Hasty Pudding » (1796) composé en France évoque avec une nostalgie mêlée d'humour les charmes du pays natal.

Petit-fils de Jonathan Edwards, Timothy Dwight, travailleur et voyageur infatigable, fait partager son idéal agrarien et sa confiance dans la gloire future de l'Amérique (*The Conquest of Canaan,* 1785). Swift sert de modèle à John Trumbull, juriste et fin lettré exempt de fanatisme, qui renvoie dos à dos loyalistes et patriotes dans *M'Fingal* (1776, 1782) poème narratif en octosyllabes qui ne ménage ni la stupide arrogance de l'occupant britannique ni les fanfaronnades d'orateurs patriotes écervelés.

La satire politique n'est nullement l'apanage de l'élite intellectuelle de la Nouvelle-Angleterre. Politicien chevronné de Philadelphie, Francis Hopkinson ridiculise les tuniques rouges qui croient voir des patriotes cachés dans des tonnelets au fil de l'eau (« Battle of the Kegs », 1778). De cette cohorte de poètes résolument engagés dans la cause de la république émerge Philip Freneau (1752-1832). D'ascendance huguenote, il est diplômé de Princeton avant de connaître des aventures rocambolesques dans les Antilles où il est capturé par les Anglais en 1780, avant de se voir échangé comme prisonnier de guerre. De retour aux États-Unis, il devient capitaine de goélette. Il soutient ensuite Jefferson contre Washington qui le qualifie de « vaurien ». La longue carrière littéraire de Freneau le désigne comme « poète de la Révolution américaine ». Outre ses poèmes de guerre cocardiers, il s'interroge sur la liberté et la poursuite du bonheur. « The British Prison Ship » (1781) rappelle sa captivité et « The Hurricane » (1785) traduit son expérience de marin sur l'océan déchaîné. Des échos préromantiques sont perçus à travers ses méditations sur la mort et l'au-delà (« The Wild Honeysuckle », 1786, « The Indian Burying Ground », 1788). La variété des sujets et la complexité des attitudes préfigurent déjà un nouveau cycle de la création poétique aux États-Unis.

8. **Fictions émergentes.** – Les destins de femmes séduites, souffrantes et suicidaires forment la trame du roman épistolaire *The Power of Sympathy* (1789) de William Hill Brown suivi de *Charlotte Temple* (1791) par Susanna Rowson, où, sous le sentimentalisme didactique, transparaît une sensualité diffuse assimilée à la dépravation par ses contempteurs, rappelant ainsi les romans édifiants de Samuel Richardson. C'est dans la veine picaresque léguée par Fielding et Smol-

lett que se déploie un nouveau genre d'aventures teinté d'esprit satirique. Ami de Freneau à Princeton, Hugh Henry Brackenridge (1748-1816) choisit le pastorat comme aumônier dans l'armée continentale de la Révolution, avant d'opter pour une carrière juridique. Composé de plusieurs volumes rédigés sur plus de deux décennies *Modern Chivalry* (1792-1815) est centré sur la dichotomie entre le capitaine Farrago « philosophe péripatétique » et son serviteur Teague O'Regan, rustre lubrique et vénal qui incarne tous les périls de la démocratie : incompétence, corruption et démagogie. Cette parodie de *Don Quichotte* écrite dans une langue limpide suggère également les dangers d'une expansion à l'Ouest sous la férule d'Américains béotiens et sans scrupules. Natif de Boston, Royall Tyler (1757-1826) est le premier à vaincre les tabous puritains qui interdisent de jouer la comédie. Après avoir vu *L'École de la médisance* de Sheridan à New York, il publie *The Contrast* (1787) qui oppose la simplicité rustique du Yankee à la fatuité arrogante des Britanniques. Dans *The Algerine Captive* (1797), le Dr Updike Underhill, connaît des hauts et des bas comme son nom l'indique. Médecin du bord sur un négrier, il est capturé par des pirates barbaresques et se retrouve esclave pendant sept ans. Épris d'exotisme et critique d'une Amérique trop repliée sur elle-même à son goût, le protagoniste fait apparaître ses ravisseurs sous un jour favorable, peut-être pour défier les planteurs sudistes. L'œuvre de Charles Brockden Brown (1771-1810) s'apparente au gothique anglais d'Ann Radcliffe tout en exploitant des situations ancrées dans la réalité américaine de l'époque. Brown est le premier écrivain des États-Unis à vivre de sa plume. Disciple de Godwin, il sait mobiliser l'attention par son romanesque fantastique, en abordant des thèmes pseudo-scientifiques et sociopolitiques qui aiguisent la réflexion : terreur, folie et obsession religieuse (*Wieland,* 1798), nature sauvage, criminalité et barbarie (*Edgar Huntly,* 1799), libertinage satanique (*Ormond,* 1799), et maux urbains (*Arthur Mervyn,* 1799-1800). Avec *Clara Howard* et *Jane Talbot* (1801) Brown s'assagit pour revenir aux dilemmes éthiques des relations sentimentales. Son ambition intellectuelle démesurée l'incite souvent à disperser son énergie. Son réformisme et sa passion humanitaire se satisfont d'une pensée utopique dans la mesure où il s'intéresse davantage à élucider les motivations de ses personnages qu'à s'engager dans des croisades. Il reste une œuvre troublante où la riche variété des paysages recèle de lourds secrets tandis qu'un inquiétant malaise s'insinue dans la pastorale américaine.

Chapitre II

LE TEMPS DE LA FLORAISON

1. **Espace, temps et démocratie.** – Le début du XIXe siècle est marqué par l'avènement de la démocratie jeffersonienne que prolongent à leur manière les présidents Madison et Monroe jusqu'en 1824. Le rêve agrarien d'une Arcadie du Nouveau Monde paraît pouvoir se réaliser dans les grands espaces explorés par Meriwether Lewis et William Clark jusqu'à la côte du Pacifique (1804-1806) après l'achat de la Louisiane à la France de Napoléon. Sur la côte de l'Atlantique l'activité économique favorise l'éclosion de classes dirigeantes qui soustraient à Philadelphie une partie de son monopole culturel au profit de New York, Boston, Portland, Baltimore et Charleston. Les lecteurs cultivés s'abreuvent aux sources du romantisme anglais si bien que Sydney Smith pose dédaigneusement la question : « Qui lit un livre américain ? » Juriste de formation, Washington Irving (1783-1859) fait son apprentissage littéraire dans les cercles d'hommes d'esprit new-yorkais où s'affichent des sentiments conservateurs profédéralistes. Il prend le pseudonyme de Diedrich Knickerbocker, colon hollandais-américain balourd et héroï-comique, pour signifier dans son *Histoire de New York* (1809) sa défiance à l'égard des évocations pédantes d'un passé présumé épique. Mettant à profit un séjour en Europe Irving puise

dans un lointain folklore les thèmes de son *Sketch Book* (1819-1820). Deux nouvelles émergent de ce recueil où s'allie l'ambigu comique au fantastique. Un sommeil léthargique épargne par magie au débonnaire et inaltérable Rip les dures années de la Révolution et surtout les griefs de son acariâtre épouse (« Rip Van Winkle »). Dans « La légende du Val-Dormant » le naïf maître d'école Yankee Ichabod est chassé du village de Sleepy Hollow par un cavalier sans tête dont le crâne projeté sur lui, s'avère être un potiron. Ami de Walter Scott et Byron, Irving devient célèbre à Londres et à Paris avant de se voir confier un poste diplomatique à Madrid sous la présidence de John Quincy Adams. Il y publie une biographie de Christophe Colomb et après un séjour à Grenade, *Les Contes de l'Alhambra* (1832) où il restitue la culture du passé hispano-mauresque. De retour aux États-Unis après dix-sept ans d'absence il est accueilli avec ferveur comme le premier homme de lettres américain de réputation internationale. Se tournant ensuite vers les pionniers et les trappeurs des grands espaces de l'Ouest, il publie *A Tour of the Prairies* (1835) et *Astoria* (1836). Il retourne en Espagne en qualité d'ambassadeur (1842). À Londres il négocie ensuite la cession de l'Oregon à l'Union. Après 1846, il passe le reste de sa vie dans sa propriété le long de l'Hudson où il rédige des biographies conventionnelles de Mahomet et de George Washington. Traversant la jeune histoire littéraire américaine, l'œuvre d'Irving est fluctuante. Perdant peu à peu sa verve satirique, elle oscille entre le ton romanesque, l'humour bienveillant parfois excentrique et le pittoresque des mœurs. Le paysage américain ne saurait plus désormais être décrit avec la seule palette des couleurs de Walter Scott. C'est à un hobereau de

Cooperstown, à l'ouest de l'État de New York, qu'il appartient désormais de créer le mythe qui reste attaché au vaste mouvement vers l'Ouest. James Fenimore Cooper (1789-1851) fait son apprentissage de romancier avec des intrigues politiques inspirées de la guerre d'Indépendance (*L'Espion,* 1821). Son expérience d'officier de marine (1808-1811) lui sert aussi dans ses récits de batailles navales et de corsaires après les exploits de John Paul Jones (*Le Pilote,* 1824 ; *Le Flibustier rouge,* 1827). Fidèle aux idéaux républicains des Pères fondateurs mais d'esprit aristocratique, Cooper redoute le soulèvement des masses dans une démocratie encore fragile. Entre la civilisation et la nature américaine s'est créée une zone intermédiaire, la Frontière, où évolue le personnage central de la saga que compose Cooper. Éclaireur et chasseur solitaire, Bas de Cuir *alias* Natty Bumppo réunit en lui-même les caractères de l'Européen romantique et du noble sauvage. Les cinq romans qui lui sont consacrés s'échelonnent sur deux décennies. Le premier, *Les Pionniers* (1823) le représente au soir de sa vie. Il a pour cadre la bourgade de Templeton, réplique imaginaire de Cooperstown où le bonheur pastoral est menacé par l'urbanisation. Des lois contraignantes entravent désormais la liberté de Natty, habitué au nomadisme de ses amis indiens. Ces aspects conflictuels traduisent les incertitudes de Cooper, partagé entre la foi dans le progrès et sa nostalgie d'un temps épique. *Le Dernier des Mohicans* (1826) évoque les guerres coloniales entre Français et Anglais au milieu du XVIIIe siècle. L'idylle d'Uncas, fils du Mohican Chingachgook, vénérable ami de Natty, avec Cora, fille d'un colonel britannique est sans espoir. La mort du jeune Indien symbolise l'extinction d'un peuple natif en harmonie avec une nature majestueuse en voie de disparition. Aliénation et dépossession sont indissociables des récits de Cooper dont le style parfois ampoulé et les personnages hiératiques ne sauraient en occulter la valeur documentaire. Dans *La Prairie* (1827), Natty est octogénaire. Il termine sa vie comme trappeur dans les Grandes Plaines au milieu des Sioux, où, croyant fuir la civilisation, il est confronté aux aléas de la conquête de l'Ouest. Si les pionniers des convois se font brutalement justice, l'union du jeune officier Duncan Middleton avec Ines Augustin de Cervellos, héritière de la noblesse coloniale espagnole, laisse augurer une régénération. *L'Éclaireur de piste* (1840) et *Le Tueur de daims* (1841) renouent avec les aventures de Natty après une longue éclipse. Le héros s'affronte sereinement à l'adversité au sein d'une nature mythique porteuse de bons sentiments. En propriétaire foncier sur la défensive face à l'égalitarisme prôné par la démocratie jacksonienne depuis 1829, Cooper saura aussi exprimer publiquement sa hantise des démagogues à l'ère de l'ascension de l'homme du peuple (*The American Democrat,* 1838).

2. **Le transcendantalisme.** – En Nouvelle-Angleterre, le mouvement transcendantaliste associe la théologie, la philosophie et la littérature dans un mouvement qui, né en 1830, s'étend sur trois décennies pour s'identifier à la « Renaissance américaine ». Il prend sa source dans l'unitarisme. Cette doctrine en révolte contre le calvinisme s'oppose au dogme de la Trinité en proclamant le droit d'interpréter les Écritures selon sa conscience éclairée par Dieu. Le chef de file des unitariens est W. Ellery Channing (1780-1842). Ses fidèles appartiennent aux milieux aisés qui forment la caste

bourgeoise des « Brahmins ». Ces adeptes des théories de John Locke sur les droits naturels, prônent la mesure et la prudence. Fils de pasteur unitarien, Ralph Waldo Emerson (1803-1882) est né à Boston. Il étudie la théologie à Harvard avant d'être ordonné pasteur. Il renonce à son ministère en 1832 et voyage en Europe où il rencontre Carlyle, Coleridge et Wordsworth avant de s'installer à Concord, près de Boston. Autour d'Emerson, d'anciens étudiants nourris de Kant et de Coleridge entendent régénérer la foi afin de retrouver la ferveur des puritains sans toutefois en partager la conviction de la dépravation humaine. La pensée transcendantaliste repose paradoxalement sur l'immanence du divin dans l'homme et la nature. Pareille présence spirituelle est décrite dans *Nature* (1836). « The American Scholar » (1837) est un appel au réveil de la pensée et à l'indépendance culturelle des États-Unis. Rédacteur en chef du *Dial,* Emerson y développe sa profession de foi transcendantaliste, engageant ses contemporains à croire en eux-mêmes (« Self-Reliance ») et à leur « sur-âme » (Oversoul) pénétrée du divin. Avec *Hommes représentatifs* (1850), *L'Âme anglaise* (1856) et *La Conduite de la vie* (1860), l'accent est davantage mis sur les aspects collectifs de l'expérience humaine, confinant à l'éloge de la force inspiré de Carlyle, et de la réussite sociale. Fondé sur l'intuition d'une vérité universelle, l'idéalisme emersonien valorise l'individualisme dans la phraséologie exubérante du héraut d'une Nouvelle Amérique.

Autour d'Emerson, A. Bronson Alcott applique son messianisme à une pédagogie de la foi. Orestes Brownson adopte un millénarisme populaire. Theodore Parker lutte contre l'esclavage. Les plus ambitieux fondent des communautés utopiques sans lendemain. Personnage singulier, Henry David Thoreau (1817-1862) est né à Concord. Étudiant de Harvard puis maître d'école, il rejoint ensuite la cohorte du « Club transcendantaliste » et réside chez Emerson (1841-1842) où il sert de factotum. Après de longues randonnées en Nouvelle-Angleterre, il construit une cabane au bord de l'étang de Walden en 1845 où il vit deux ans en solitaire bien qu'à proximité d'habitations. Il doit interrompre momentanément son séjour et passer une nuit en prison pour refus de payer ses impôts en signe de protestation contre la guerre du Mexique (1846). Il commentera sa résistance passive dans son essai *Civil Disobedience* souvent invoqué par les militants de la non-violence. Outre ses récits d'excursions sur la Merrimack, dans le Maine, à Cape Cod et au Canada où il a des racines francophones, Thoreau livre dans *Walden* (1854) le fruit de son expérience raisonnée des cycles naturels au rythme des saisons. Individualiste obstiné, naturaliste passionné de botanique et d'ornithologie, cet humaniste féru d'hindouisme, volontiers humoriste avec la réticence propre aux Yankees, conçoit le retour à la nature comme une régénération spirituelle, offrant une vision intense de l'unité et de la diversité d'un environnement redécouvert sur une « terre-communauté ». L'écriture de *Walden* entend restituer les paradoxes d'une existence en rupture avec le « tranquille désespoir » d'une Amérique matérialiste. La surabondance des réminiscences littéraires, les poses narcissiques et les descriptions délibérément prosaïques ne sauraient altérer les effets roboratifs d'une vibrante sensibilité.

3. **Féminisme et humanisme en Nouvelle-Angleterre.** – Autour du transcendantalisme se développent des mouvements réformistes et radicaux. Une nouvelle

génération de femmes y affirment vigoureusement leurs droits en associant souvent leur lutte à celle pour l'abolition de l'esclavage. Proche d'Emerson et du cercle influent d'Elizabeth Peabody, Margaret Fuller est liée au *Dial.* Elle publie en 1845 *Woman in the Nineteenth Century,* profession de foi féministe largement documentée. Elizabeth Oakes Smith s'attache à la spiritualité féminine (« The Sinless Child »). Caroline Gilman (1794-1888) oppose une ethnique consensuelle de la féminité à l'aveuglement des antagonismes entre hommes du Nord et du Sud (*Recollections of a Southern Matron,* 1838). Catharine Sedgwick dépeint les aspirations féminines entre pionniers yankees et citadins new-yorkais (*Married or Single ?,* 1857). Fille du célèbre pasteur Lyman Beecher, Harriet Beecher Stowe décrit dans *La Case de l'oncle Tom* (1852) les affres de l'esclavage et dénonce l'institution au nom du christianisme et du droit des femmes.

Quaker et abolitionniste, John Greenleaf Whittier se consacre à des campagnes anti-esclavagistes, humanitaires et politiques (*Voices of Freedom,* 1846) mais reste ancré dans son terroir du Massachusetts en composant des poèmes riches du folklore local, sur la présence de Dieu dans une nature parfois menaçante (*Snowbound,* 1866). Du milieu intellectuel de Boston émergent en outre deux figures singulières. Oliver Wendell Holmes est un professeur de médecine de Harvard dont le progressisme repose sur son credo unitarien et sa foi dans le rationalisme scientifique. Il est surtout connu pour ses observations piquantes des mœurs avec ses vignettes de *The Autocrat of the Breakfast Table* (1858). Autre universitaire James Russell Lowell a exercé une forte influence sur les milieux littéraires avec élégance et humour. Partagé entre anti-esclavagisme, pacifisme et conservatisme, il devient diplomate après avoir ardemment soutenu l'Union pendant la guerre de Sécession. Servie par une vaste érudition, sa poésie de virtuose entend rivaliser avec les grands romantiques sans en avoir le souffle, comme le révèle sa parabole humanitaire sur le Graal, *The Vision of Sir Launfal* (1848).

4. **Écrits du Sud.** – Société esclavagiste, semi-féodale, le Sud s'enorgueillit d'une culture aristocratique raffinée dont le modèle culturel est l'œuvre de Walter Scott. Originaire de Baltimore, John Pendleton Kennedy exalte le passé héroïque des Virginiens dans *Swallow Barn* (1832). Auteur de Charleston, William Gilmore Simms (1806-1870) partage avec Cooper le goût du romanesque en décrivant les mœurs de la Géorgie et de la Caroline du Sud au temps de la Révolution et des guerres indiennes (*Guy Rivers,* 1834 ; *The Yemassee, The Partisan,* 1835). Intrigues mélodramatiques et héros conventionnels coexistent dans son œuvre avec des portraits de chercheurs d'or et de desperados de la Frontière. Simms interprète sur un ton épique la pensée de l'oligarchie des planteurs pour qui le Sud est la réincarnation de la démocratie grecque antique. W. Brown est la voix des Noirs (*Clotelle,* 1853).

5. **Edgar Allan Poe (1809-1849).** – Ce fils d'acteurs itinérants, est recueilli par une famille de Richmond à l'âge de 2 ans, après la mort de ses parents. Étudiant à l'Université de Virginie (1826), engagé dans l'armée, puis élève officier à West Point dont il est exclu pour négligence, il vit ensuite à New York où il épouse en 1836 sa cousine Virginia, âgée de 14 ans. Sa fonction éditoriale au *Southern Literary Messenger* et à

Graham's Magazine lui facilite la publication d'histoires « extraordinaires » bientôt réunies dans un premier volume (*Contes grotesques et arabesques,* 1840). Sa carrière littéraire s'achèvera prématurément avec sa mort à Baltimore dans le dénuement, à l'âge de 40 ans. Découvert et traduit par Baudelaire, encensé par Mallarmé et Valéry, longtemps décrié comme un dandy mystificateur et satanique par la critique américaine, Poe occupe une place à part dans l'histoire littéraire comme présumé « poète maudit », morbide et provocateur, qui sépare l'art de la nature en transgressant les valeurs du romantisme. Son aventure intellectuelle n'aboutit à nulle révélation mystique mais suggère un au-delà où siège la beauté, fugitive et mortelle. Son « imagination analytique » de nature cognitive, désinvestit l'univers traditionnel des convictions morales et religieuses, aussi brocarde-t-il l' « hérésie didactique » de la « mare aux grenouilles » des transcendantalistes. C'est la « poésie pure » qui consacre selon lui la création rythmique de la beauté « hors de l'espace et du temps », comme en témoigne la prosodie élégiaque du « Corbeau » où le narrateur se délecte de son désespoir dans une agonie romantique distanciée, génératrice de symboles. Avec une prodigieuse virtuosité, « Ulalume » (1841) révèle devant la tombe de la bien-aimée, l'éruption angoissante de l'ineffaçable souvenir, telle « la lave en fusion » émergeant d'un volcan cerné de glace. Poe réfute épanchements lyriques et émotions spontanées dans son esthétique. L'unité organique et l'effet singulier d'une œuvre ne s'accomplissent à ses yeux qu'au travers d'une rigoureuse élaboration de l'intellect. La quête néo-platonicienne de « Thulé » ou de l'Eldorado est explicitée dans « La Philosophie de la composition » et la cosmogonie d'*Eureka*. Dans environ 70 contes d'inspiration cosmopolite, le narrateur multiforme, naïf, ambigu, indigne de confiance ou dément mêle le fantastique, l'ironie, le comique, la terreur, l'horreur, le dédoublement de la personnalité et la plongée vertigineuse dans les tréfonds du psychisme. Se saisissant des thèmes crépusculaires à la mode du roman gothique, Poe les parodie en les soumettant à ses fantasmes, aux frontières du canular. Sa fiction relève ainsi d'un parcours dans les régions ténébreuses de l'esprit. « La Barrique d'Amontillado » (1846) se passe au cours d'un carnaval italien. Montrésor y assouvit sa vengeance en attirant dans sa cave Fortunato, cause de ses malheurs, pour l'emmurer vivant. Épouse d'un jeune aristocrate, Ligeia, femme brune d'une étrange beauté, meurt dans leur maison le long du Rhin. Le jeune homme se remarie en Angleterre avec la blonde Lady Rowena dont la mort est tout aussi prématurée. Mais celle-ci ressuscite sous les traits de Ligeia dans le conte éponyme (1838). Le narrateur de « La Chute de la maison Usher » (1839) rend visite à Roderick Usher, un ami de jeunesse qui habite une demeure décrépite au bord d'un lac. Tombée en catalepsie, Madeline, sœur jumelle de Roderick, est déclarée morte puis inhumée dans un caveau sous la maison. Un soir d'orage, Roderick lit à haute voix un récit médiéval dont l'action se confond avec des bruits qui précèdent l'apparition de Madeline dans son linceul. Quand frère et sœur tombent morts, le narrateur saisi d'effroi, voit au clair de lune la maison des Usher s'écrouler dans le lac. Multiples sont les interprétations du *Récit d'Arthur Gordon Pym* (1838). Mutinerie, naufrage et « horribles souffrances » accablent une expédition dans les mers du Sud et l'Antarctique. Narratologie expérimentale ? Images du chaos universel ? Exploration de l'inconscient ? L'ambiguïté de cette « romance arabesque » paraît étonnamment actuelle. Ailleurs, en créant le personnage d'Auguste Dupin, génial détective capable de fournir des réponses lumineuses aux énigmes les plus complexes, Poe est à l'origine du roman policier. Ainsi, Dupin désoriente le lecteur avant de dissiper le mystère d'une histoire de chantage (« La Lettre volée », 1845) ou celui de meurtres commis par un auteur non identifié (« Double assassinat dans la rue Morgue », 1843). Alter ego de Dupin, William Legrand, gentleman désargenté du Sud, découvre sur un scarabée le code qui mène à un trésor (« Le Scarabée d'or », 1843). Si le vertigineux vortex qui dans « Une Descente dans le Maelstrom » (1841), entraîne le marin norvégien dans l'abîme, traduit une fascination pour la force magnétique des éléments naturels, l'esprit inventif de Poe conçoit également des contes d'anticipation, précurseurs de la science-fiction. Le voyage stratosphérique de « Hans Pfaall » (1840) nous fait accéder, parfois sur le mode burlesque, à l'espace extra-terrestre. L'œuvre de Poe reste pour beaucoup une *terra incognita* qui stimule la critique moderne. Ce sont de proches interrogations sur la solitude, la fatalité et la conception de l'art que pose aussi un contemporain de Nouvelle-Angleterre.

6. **Nathaniel Hawthorne.** – Né à Salem où l'un de ses ancêtres participa aux procès en sorcellerie, Nathaniel Hawthorne (1804-1864) est orphelin de père à 6 ans. Après des études à Bowdoin College, il vit en reclus dans la maison de sa mère de 1825 à 1837. Il s'y consacre à l'écriture et publie notamment *Contes racontés deux fois* (1837) dont Poe fait l'éloge. Haw-

thorne se rallie au transcendantalisme et séjourne quelques mois dans la communauté utopique de Brooke Farm (1841). Il tire de cette expérience *The Blithedale Romance* (1852) qui décrit le naufrage de l'idéalisme populaire. Il épouse en 1842 Sophia Peabody, fille d'une grande famille de Nouvelle-Angleterre. Le couple s'installe dans les Berkshire Hills où il rencontre Herman Melville. Employé à la douane de Salem, Hawthorne perd son poste pour des raisons politiques en 1849, avant de faire une carrière diplomatique comme consul à Liverpool, Rome et Florence (1853-1859). À son retour, il se retire à Concord. Hawthorne tire ses thèmes du douloureux héritage culturel de la colonie puritaine de Nouvelle-Angleterre. Il en exorcise les démons par son regard acéré sur les souffrances psychologiques et les drames moraux qu'il exhume avec un art du « clair-obscur ». « Le Mât de cocagne de Merrimount » (1837) fait revivre les frasques de Thomas Morton, qui réintroduisent momentanément la jouissance des saturnales de la « Joyeuse Vieille Angleterre » dans la sombre communauté calviniste. « Young Goodman Brown » (*Mosses from an Old Manse,* 1846) a pour personnage central un jeune mari qui découvre un sabbat des sorcières auquel participe dans l'impénétrable forêt, sa femme qu'il croyait pure et innocente. Dans *La Lettre écarlate* (1850), Hester Prynne qui a trompé son mari avec le pasteur Arthur Dimmesdale dont elle a eu une fille, Pearl, porte, brodée sur sa robe, la lettre A, marque infamante de la femme adultère. Au pilori Hester assume courageusement sa faute sans dévoiler l'identité du séducteur et déploie avec Pearl une rayonnante vitalité. Prédicateur admiré, Dimmesdale est torturé par sa conscience mais par orgueil garde longtemps son secret avant de se confesser publiquement et mourir dans les bras de Hester. Le mari bafoué prend un faux nom, Chillingworth, pour chercher le coupable et, en pure perte, assouvir sa vengeance avec une énergie de maniaque. *La Maison des sept pignons* (1851) recèle la malédiction portée par le sorcier Maule, spolié par le propriétaire, le colonel Pyncheon à la fin du XVIIe siècle. Plusieurs générations après, son descendant, le cupide juge Jaffrey Pyncheon harcèle l'un des locataires de la maison, un ancien détenu qu'il a fait condamner et qu'il croit à tort possesseur d'un titre de propriété disparu. La demeure est finalement libérée du poids de la faute primitive par la mort subite de Pyncheon, à laquelle un autre locataire Holgrave, dernier de la famille Maule n'est pas étranger. Hawthorne s'inscrit dans la veine du romantisme en faisant resurgir la « vérité du cœur » et l'« énergie intérieure » de personnages en lutte contre l'aliénation que fait subir un pouvoir lugubre. À l'angélisme enthousiaste d'Emerson, il oppose la conscience ironique de la tragédie humaine. Ses thèmes obsédants du secret, de l'isolement, de l'intolérance et de la culpabilité restent liés au problème d'un mal rémanent. Les références historiques sont secondaires, voire inexistantes. Seule compte la rencontre des destins qui prend valeur mythique entre réalisme et fantastique. La fatalité tient au mépris et à l'orgueil qui entravent la spontanéité des élans. Plus allégorique que didactique, la fiction de Hawthorne met à distance le moralisme pesant et entretient les mystères. Le recours au surnaturel est d'ordre esthétique plus que religieux tandis que le symbolisme des personnages leur confère une valeur d'archétype en les privant quelquefois d'un effet de réel plus vivant.

Le critique Philip Rahv a autrefois distingué les écrivains entre visages pâles et peaux-rouges. Si Poe et Hawthorne appartiennent à la première catégorie, leurs contemporains Melville le romancier et Whitman le poète, ont certainement le teint hâlé que procurent les parcours dans les grands espaces littéraires.

7. **Herman Melville.** – Herman Melville (1819-1891) est né à New York d'un père qui meurt ruiné en laissant une veuve et huit enfants en 1832. Herman quitte l'école à 15 ans. De 1839 à 1844, sa vie s'apparente à un roman d'aventures. Embarqué comme mousse à destination de Liverpool, puis baleinier dans les mers du Sud, il vit ensuite aux Marquises parmi des cannibales, débarque à Tahiti et s'engage dans la marine américaine à Honolulu. Rendu à la vie civile en 1844, il s'installe à Albany et participe à la vie littéraire de New York. Après son mariage en 1847, il habite treize ans au Massachusetts où il se lie d'amitié avec Hawthorne. Les cinq premiers livres de Melville qui évoquent les épisodes romanesques de son périple, lui valent la célébrité (*Typee,* 1846 ; *Omoo,* 1847 ; *Mardi, Redburn,* 1849 et *White Jacket,* 1850). Paradoxalement son œuvre monumentale *Moby Dick* reçoit un accueil mitigé en 1852. Tournant le dos aux succès faciles de ses récits d'aventures exotiques, Melville s'est engagé cette fois dans la quête d'une authenticité qui « ne figure pas sur les cartes ». L'appel à de nouvelles découvertes le guide vers des rivages où le mal est « la maladie chronique de l'Univers ». Trop sceptique pour valider la foi des puritains, il reconnaît l'inanité des efforts pour accéder à l'absolue vérité. Dans un monde où règnent l'imperfection et l'ambiguïté, c'est le vent du large qui inspire l'être humain,

débarrassé de son carcan social mais lié par un nouveau pacte aux éléments naturels et à l'équipage. Le navire baleinier *Pequod* est dans *Moby Dick* la métaphore de l'humanité sur laquelle Ishmael, le matelot narrateur, promène son regard. Voué à l'errance comme son modèle biblique, il est ouvert à la sagesse ancestrale et aux rituels du harponneur noir Queegueg. À la fois Lucifer et Prométhée, le capitaine Achab, mutilé par la baleine blanche *Moby Dick,* la poursuit de sa vindicte sur les mers du globe en entraînant l'équipage dans sa course dévastatrice. La blancheur de la baleine sert ainsi d'écran sur lequel les hommes projettent leurs fantasmes. Image d'une paranoïa cosmique ? Défi à la Création ? Résurgence du Léviathan dans un monde en quête de sens ? La richesse documentaire de *Moby Dick* n'est nullement éclipsée par les questions métaphysiques que pose ce roman universel. D'autres œuvres de Melville sont mémorables comme *Billy Budd,* publiée en 1924. Outre cette allégorie du bien et du mal sur fond de mutinerie, *Pierre or, The Ambiguities* montre comment l'idéal exacerbé de la vertu chrétienne peut stupidement se retourner contre son défenseur. *L'Homme de confiance* (1857) qui a pour cadre un bateau du Mississippi est une fable sur l'apparence et la réalité où l'imposture se tapit derrière la mascarade des relations humaines.

8. **Voix poétiques du peuple et de la nature.** – Héritier du romantisme européen, Henry Wadsworth Longfellow (1807-1882) a été en son temps le plus lu des poètes américains. Dans une tradition où règne la distinction (« genteel ») ce professeur de Harvard reste à l'écart des conflits idéologiques non sans affir-

mer son anti-esclavagisme et son attachement aux Amérindiens (*The Song of Hiawatha,* 1855). Une émotion contrôlée imprègne ses odes, ses ballades et ses élégies où perce la nostalgie du temps perdu. Ses rythmes s'adaptent cependant avec une prodigieuse virtuosité à la variété de ses thèmes comme l'attestent l'élan patriotique de « Paul Revere's Ride » dans *Tales of a Wayside Inn* (1863-1874) ainsi que l'émouvante narration de la déportation des Acadiens en Louisiane (*Evangeline,* 1847).

Né dans une famille calviniste de Nouvelle-Angleterre, William Cullen Bryant (1794-1878) fait carrière dans la presse de New York à la tête de l'*Evening Post*. Il adhère à l'unitarisme et se tourne vers la poésie mélancolique anglaise marquée par « Élégie dans un cimetière de campagne » de Thomas Gray. Mais la contemplation de la mort ne s'accompagne pas de la méditation sur la damnation ou le salut. La nature est pour Bryant la source de la vie spirituelle, aussi s'applique-t-il à en transcrire les spectacles par le menu, dans l'harmonie et la mesure (*Thanatopsis,* 1817). Sa poésie élégiaque participe également d'un sentimentalisme de l'époque, prompt à déplorer le sort des Indiens (*The Prairies,* 1832).

9. **Le barde du Nouveau Monde.** – D'ascendance anglaise, hollandaise et galloise, Walt Whitman (1819-1892) est né à Long Island dans une famille modeste de neuf enfants. Saute-ruisseau à 12 ans, puis typographe, maître d'école et journaliste à Brooklyn où il est militant démocrate jusqu'en 1848, il fait ensuite un séjour éphémère à la Nouvelle-Orléans. On le retrouve infirmier pendant la guerre de Sécession, agent du Bureau des affaires indiennes puis du ministère de la

Justice. Frappé d'une attaque de paralysie en 1873, il se retire à Camden, New Jersey. Pour sa santé, il fait un voyage au Colorado (1879) puis au Canada (1880). À Boston (1881), il rend visite à Emerson. Entre 1855 et 1892, paraissent des éditions successives de poèmes réunis progressivement sous le titre initial de *Leaves of Grass (Feuilles d'herbe)*. Homme du peuple de New York, Whitman connaît une profonde mutation après son voyage dans le Midwest et en Louisiane. Aboutissement d'une longue maturation ? Épanouissement de sa sexualité ? Nombre de ses contemporains s'en prendront à ses déviances et à ses obscénités à la lecture des ses poèmes. En près de quatre décennies, sa production épouse le mouvement de l'Amérique, ses trépidations, le flux de ses jeunes énergies, son messianisme épique (« Pioneers, O Pioneers »). Réconciliant sa foi égalitariste avec son individualisme en rébellion contre les tabous, Whitman conjugue en lui-même le commun des mortels et le surhomme. Son lyrisme débridé associe à son hypersensibilité une myriade de vibrations sensorielles (« I hear America Singing », « Salut au Monde ») et d'images sensuelles (« Children of Adam », « Calamus »). Cette empathie inscrit le vivant dans le sacré. Du transcendantalisme, Whitman a su adopter la communion avec la nature et la conscience cosmique, mais il s'écarte de ses abstractions. Outre la célébration dionysiaque du corps et des « esprits animaux », Whitman prône une liberté démocratique de l'esprit, du cœur et de l'âme selon les lois de la nature. Son expression échappe aux usages de la rime et de la métrique dans son développement organique qui préfigure le vers libre. Il restaure à des mots érodés leur pouvoir d'évocation dans une « prose ensorcelée ». Avec l'âge, le style devient plus suggestif et implicite, tandis que la pensée s'assagit. Alors proche des républicains qui défendent l'Union, il consacre une élégie à la mort de Lincoln (« O Captain ! My Captain ! »). Texte en prose, *Democratic Vistas* (1871) entend réconcilier l'individualisme avec l'idéal démocratique et préconise une déclaration d'indépendance culturelle. Whitman est un visionnaire qui chante la geste du « peuple américain en masse », infinie et multiple.

Chapitre III

D'UN SIÈCLE À L'AUTRE : CONSCIENCE CRITIQUE DES MUTATIONS

1. **De l'âge d'or à l'*âge du toc* ?** – Les ondes de chocs de la guerre civile se propagent longtemps après 1865. Le triomphe de l'Union est aussi celui du grand capital. La spectaculaire expansion économique est vue différemment par le « self-made man » et l'ouvrier. Les aspects conflictuels d'une civilisation en proie à l'industrialisation et à l'urbanisation accélérées font douter de la réalisation du rêve américain qui attire des masses d'immigrés. Leo Marx a défini ce syndrome social comme « la machine dans le jardin » (1964). Certes simplificatrice, cette formule rend néanmoins compte du pastoralisme littéraire qui tend à idéaliser le passé pour mieux élucider les complexités du présent tout en imaginant un « paysage intermédiaire » dans l'avenir. Visions réalistes, antiromantiques ?

2. **Samuel L. Clemens (Mark Twain).** – La première moitié du XIXe siècle américain a vu l'ascension de l' « homme du peuple » depuis la présidence d'Andrew Jackson en 1828, le développement de la presse locale et l'émergence d'une typologie culturelle régionale. L'humour populaire dialectal abonde en « contes mensongers » (« tall tale ») héroï-comiques où le matamore picaresque exprime l'exubérante vitalité des

demi-dieux du folklore de la Frontière comme Davy Crockett et Mike Fink. Au Sud, A. B. Longsstreet, T. B. Thorpe et G. W. Harris décrivent les mœurs des plantations avec truculence. En Nouvelle-Angleterre, la verve de Seba Smith s'applique au colporteur matois Jack Downing et à l'esprit cocardier. Le docte J. R. Lowell parodie le chauvinisme (*The Biglow Papers,* 1848). Plus corrosifs sont ensuite J. Phoenix, P. V. Nasby, A. Ward et J. Billings, pseudonymes de satiristes qui prennent pour cibles les affairistes et les fauteurs de guerre. Samuel L. Clemens (Mark Twain) (1835-1910) saura incorporer tous ces talents régionaux en une synthèse inséparable du caractère national. Il est né à Florida, le long du Mississippi au nord de Saint-Louis. Orphelin de père à 12 ans, il devient apprenti, typographe puis journaliste. Après un périple de neuf ans dans l'Est et le Midwest, il se retrouve pilote sur les bateaux du Mississippi. Éphémère engagé du côté des Confédérés, il passe ensuite les années de la guerre civile dans le Nevada où il est reporter. Empruntant le pseudonyme de Mark Twain à la terminologie des bateliers, il publie une galéjade *Jim Smiley et sa grenouille sauteuse* (1865) qui lui vaut une célébrité nationale. Sa carrière d'humoriste est dès lors tracée. De reportages en Europe et en Terre Sainte, il rapporte des observations qui mettent en joie un public américain heureux de voir brocarder les préjugés de l'Ancien Monde avec des poses de béotien (*The Innocents Abroad,* 1869). À son mariage, il s'exile à Elmira dans l'État de New York, puis à Hartford, Connecticut. D'un long voyage dans l'Ouest et à Hawaï, il tire un récit fait de canulars et d'épisodes rocambolesques (*À la dure,* 1872). Le conteur sait aussi mettre en valeur ses capacités de comédien en montant sur les planches pour des tournées qui le conduisent au-delà des frontières. Twain n'en est pas moins sensible aux excès d'un capitalisme en plein essor. Il ironise ainsi sur la spéculation effrénée et les artifices de la société (*L'Âge du Toc,* 1873, en collaboration avec C. D. Warner). Se penchant sur son passé, Twain publie des réminiscences nostalgiques du fleuve majestueux de sa jeunesse à partir de 1875. Ces écrits sont réunis dans *Life on the Mississippi* en 1883. Il transfigure alors son expérience dans deux romans d'aventures dont les héros sont les pré-adolescents Tom et Huck. Dans *Tom Sawyer* (1876), mélodrame burlesque, les deux garnements sont confrontés au meurtre et à l'erreur judiciaire dans une chasse au trésor où ils déploient leur astuce face au redoutable monde des adultes. Chef-d'œuvre de Twain, *Huckleberry Finn* (1885) consiste en un parcours initiatique du jeune paria Huck, fils d'un petit blanc raciste, avec Jim, esclave en fuite. En rupture avec la civilisation, ils font tous deux l'expérience d'un hédonisme païen dans la descente en radeau du Mississippi « le Père des Eaux » tout en s'efforçant d'échapper aux dangers de prédateurs humains et aux stratagèmes de Tom, émule des héros chevaleresques de Walter Scott, dont Twain pourfend le romanesque factice. Obsédé par l'image du double, Twain est également l'auteur de *Le Prince et le Pauvre* (1882) et de *La Tragédie de Puddenhead Wilson* (1894) où l'esclave mulâtresse substitue son nouveau-né à un Blanc afin de lui épargner la servitude. Le choix comique de l'anachronisme domine dans *Le Yankee du Connecticut à la Cour du Roi Arthur* (1889). On y voit le pragmatisme de l'Américain roué et épris de démocratie, triompher des archaïsmes d'une noblesse anglaise médiévale esclavagiste. Assombrie par des deuils et des ennuis financiers, les dernières décennies de la vie de l'humoriste sont marquées par un pessimisme croissant sur cette « maudite race humaine » vaine, cupide et crédule (*The Mysterious Stranger,* 1916). De son universelle notoriété il reste de Twain la capacité de fédérer toutes les tendances de l'humour natif pour en faire un instrument national de thérapie sociale. Henry James a dit que n'ayant ni Parthénon ni Forum, les États-Unis ont néanmoins dans l'humour un précieux monument.

3. **Transition poétique.** – Whitman prolonge son activité poétique quelques années après la guerre civile. La relève tarde à venir tant la prose paraît s'imposer chez les jeunes écrivains. Sidney Lanier (1842-1881) a connu des déboires pendant la guerre où il a servi dans les rangs des Confédérés, avant d'écrire son *Tiger Lilies* (1867) qui lui fait renoncer à son métier d'avocat. Musicien, il entend appliquer sa technique de flûtiste à l'art poétique. Trop théoricien pour être original, il a laissé quelques œuvres touchantes dont « The Symphony » qui se termine ainsi « La musique est l'amour en quête de mot » (*Poems,* 1884).

Fille d'un avocat du Massachusetts, Emily Dickinson (1830-1886) vit en célibataire recluse tout en entretenant une abondante correspondance. Plusieurs hommes lui servent de « tuteur » comme elle aime à le dire. Guide spirituel trop tôt exilé, le pasteur Charles Wadsworth est, dans son imaginaire, l'amant de poèmes non titrés, couramment identifiés par le premier vers et publiés à titre posthume à partir de 1890. La concentration hypnotique d'Emily Dickinson sur les menus détails de son jardin secret la plonge dans une spéculation sur les mystères intemporels de la vie et de la mort dans une vision duelle parfois poignante du naturel et de la transcendance. Concis, voire elliptiques, ses mots traduisent souvent en quatrains des perceptions fulgurantes du divin et l'extase instantanée dans la sensation de la vie. Les influences croisées, mais discrètes des poètes métaphysiques anglais comme John Donne, et de la théologie se conjuguent à l'humour indirect à la manière de Thoreau dans un discours oblique dont Henry James a dit qu'il transformait la moindre brise en révélation.

4. **Le réalisme romanesque de William Dean Howells.** – Natif d'une bourgade de l'Ohio, William Dean Howells (1837-1920) s'initie à la lecture dans l'imprimerie de son père avant d'être journaliste à Columbus. En 1860, il écrit un panégyrique retraçant la vie de Lincoln qui le récompense l'année suivante par une nomination de consul à Venise, de nature à combler cet amateur de langues étrangères. De retour aux États-Unis, en 1865, Howells devient rédacteur en chef de la revue *Atlantic Monthly* de Boston, fonction de prestige qui l'intègre à la caste des Brahmins. En 1881, il rejoint le *Century Magazine* puis voyage en Europe. Les œuvres qui suivent s'inscrivent dans le mouvement réaliste dont il devient le chef de file. La modernité de ses personnages et de ses thèmes se révèlent dans *A Modern Instance* (1882) centré sur le divorce, *The Rise of Silas Lapham* (1885) qui dépeint un self-made man entre spiritualité et matérialisme et *A Hazard of Good Fortunes* (1890) où l'indépendance du journalisme se joue sur fond de capitalisme philanthropique. Ce bienveillant doyen de la fiction américaine a favorisé par son flair la carrière de Twain, James et Crane. C'est surtout comme « réaliste romanesque » qu'il s'est affirmé, après d'aimables comédies de mœurs. Sous

l'influence de Tolstoï, Flaubert et George Eliot, il a su s'attacher à la « présentation véridique » de sa matière. Attentif aux tensions de la vie courante, il les restitue avec mesure en écartant le sensationnel et l' « émotivité hystérique » de Dickens. Sa conception démocratique de l'art l'incite à divertir un public populaire autant qu'à l'informer de nouvelles contraintes morales à l'ère du capitalisme triomphant.

5. **Henry James.** – Né dans une famille profondément religieuse, marquée par l'influence de Swedenborg, Henry James (1843-1916) bénéficie d'une éducation privilégiée à Boston, Paris, Genève et Londres. Étudiant à Harvard (1862), il se détache progressivement de l'environnement intellectuel américain, séjourne plusieurs fois en Europe entre 1869 et 1874, passe une année à Paris où il rencontre notamment Flaubert, Maupassant et Zola, avant de se fixer à Londres en 1876. Pèlerin transatlantique puis exilé permanent, il se fait naturaliser anglais en 1915 pour soutenir les Alliés contre l'Allemagne. Le parcours de son œuvre littéraire est jalonné de romans et de contes dont certains révèlent un moment significatif de l'évolution du romancier. *Roderick Hudson* (1875) décrit le destin tragique d'un jeune sculpteur velléitaire victime d'un mécène suspect qui l'entraîne à Rome pour son malheur. Businessman californien fortuné, Christopher Newman cherche en France la femme idéale. Il est victime d'aristocrates prétentieux et sans scrupules, mais renonce à se venger (*L'Américain*, 1877). Jeune Américaine, innocente et fantasque, Daisy Miller souffre des préjugés de la haute société italienne dans un décor romain létal (1879). Dans *Washington Square* (1881), une riche héritière de New

York s'illusionne sur les intentions d'un prétendant coureur de dot malgré les mises en garde de son père resté veuf. Une prise de conscience tardive l'isole dans le célibat. Roman international, *Portrait de femme* (1881), a l'Angleterre et Florence pour décor. Prenant ses rêves de jeune fille pour des réalités, Isabel Archer se débat entre prétendants et intrigants avant de prendre une conscience tragique de son destin. Dans *Les Bostoniennes* (1886) les combats ambigus de militantes féministes sous le regard d'un avocat du Mississippi recèlent de bouleversantes pulsions intimes. Les *Ambassadeurs* (1902) se déroule à Paris. Chargé par une mère possessive et manichéenne d'y sauver un jeune Américain du vice, l'émissaire Strether, venu de son Massachusetts rigoriste, découvre un univers fascinant, tout en nuances. Délaissant peu à peu le roman pour le conte, James explore les confins du réel pour traduire les incertitudes d'une imagination tentée par le fantastique. Apparitions de spectres ? Hallucinations ? Paranoïa meurtrière ? Telles sont les questions que pose *Le Tour d'écrou* (1898) où l'expérience équivoque d'une gouvernante face à deux enfants constitue l'énigme centrale. *Les Ailes de la colombe* (1902) reprend le thème transatlantique avec une jeune Américaine condamnée par les médecins et trompée sur les sentiments d'un prétendant anglais dans une affaire de captation d'héritage. Dans *La Coupe d'or* (1904) un comte italien et deux jeunes Américaines forment un triangle où une liaison dangereuse compromet les liens d'amitié à l'instar de la fêlure d'une coupe donnée en cadeau.

Déterminé à échapper au « dénuement » culturel de l'Amérique, James découvre sur le Vieux Continent l'essentiel de ses thèmes et de ses sujets, dominés par le vertige de l'échec, la perversion du sentiment, mais aussi l'élégance morale et le sens du sacrifice dans une atmosphère de délectation morose. Le génie de James a-t-il été contrarié par son expatriation, comme l'ont prétendu alors ses critiques les plus hostiles ? On lui doit en réalité d'avoir donné naissance à une comédie humaine originale grâce à son inspiration cosmopolite. L'ingénuité philistine, la probité naïve et la vitalité des ses compatriotes transplantés se heurtent aux goûts artistiques sophistiqués d'aristocrates européens aux mœurs corrompues et décadentes. Praticien consciencieux de la fiction, James en a défini ses rapports avec l'art et la vie (*L'Art de la fiction,* 1884). Important plus que les épisodes de l'existence, la subjectivité de ses personnages se révèle à la lumière de points de vue croisés sur leur « donnée » fondamentale. La recherche de leur vérité s'éclaire des images mentales fluctuantes de leur inconscient, réverbérées par une « intelligence centrale », et exprimées dans une phraséologie méticuleuse. James soigne avec tendresse ses portraits de femmes dont la force morale dément l'apparente fragilité. Son champ d'observation se circonscrit autour de la bourgeoisie dont il explore les motivations au prix d'une intense analyse psychologique qui préfigure Marcel Proust, James Joyce et Virginia Woolf.

6. **Edith Wharton.** – Nombre de thèmes jamésiens sont repris par Edith Wharton (1862-1937), newyorkaise expatriée en France, mais sa critique acérée des conventions victoriennes et de l'ostracisme que subissent des êtres nobles et ambitieux témoigne de sa croyance quasi naturaliste au déterminisme social (*The House of Mirth,* 1905 ; *The Age of Innocence,*

1920). *Ethan Frome* (1911) s'écarte de la peinture des mœurs de la haute société pour aborder le thème tragique de la passion inassouvie dans un paysage de Nouvelle-Angleterre peuplé de paysans frustes proches des personnages de Thomas Hardy.

7. **Visages du naturalisme.** – La production du premier écrivain américain disciple du naturalisme européen, se concentre sur cinq années d'une vie brève. Fils de pasteur méthodiste du New Jersey, Stephen Crane (1871-1900) se détourne très jeune de la religion. Études bâclées et emplois précaires de journaliste l'incitent à tenter une dernière chance dans le métier des lettres. Son premier roman *Maggie* (1893) est un mélodrame des bas-fonds de New York. *The Red Badge of Courage* établit sa réputation de romancier en 1895. Il y évoque la guerre de Sécession à travers le regard d'un jeune soldat avide de gloire, devenu déserteur par panique sur le champ de bataille. La vérité qui se dégage de l'œuvre d'un auteur qui n'a pourtant connu aucun conflit militaire, lui ouvre cette fois les portes du journalisme. Reporter au Mexique (1895), puis envoyé à Cuba pour couvrir une insurrection, il fait naufrage au large de la Floride.

Il est ensuite correspondant de guerre en Grèce (1897) et à Cuba (1898). De caractère autobiographique, « The Open Boat » (1898) relate les efforts de rescapés d'un vapeur naufragé, sur une embarcation en pleine tempête. De retour à New York après un détour par Porto Rico, Crane voit sa santé décliner et son honneur sali par la diffamation sur sa prétendue débauche. Il s'exile en Angleterre et meurt de tuberculose en Allemagne où il était parti en cure. Rebelle aux canons du romantisme victorien qui exclut les aspects sordides de la vie, Crane s'impose une rigoureuse probité intellectuelle dans sa profession de foi réaliste. Henry Fleming, le soldat perdu de *The Red Badge of Courage* est la proie des circonstances dans l'indéchiffrable univers de la guerre. Transcrite dans sa subjectivité, l'effroyable expérience se transmue en métaphores où toute couleur prend un sens selon un art impressionniste qui retient le flux du réel. Les images suggèrent ainsi la variation des émotions dans la peinture naturaliste d'un monde où le déterminisme dissipe ironiquement les illusions.

C'est cependant un écrivain de l'Ouest qui semble le plus influencé par le naturalisme français. Né à Chicago, Frank Norris (1870-1902) suit sa famille en Californie (1884) puis prend des cours dans un atelier d'art à Paris (1887) avant d'étudier à Berkeley et Harvard. Reporter en Afrique du Sud pour *Collier's* et le *San Francisco Chronicle,* il est capturé par les Boers, en guerre avec les Anglais (1896). Il rencontre Crane à Cuba où il couvre la guerre en 1898. Il publie en 1899 *McTeague*, roman condamné par la critique pour son immoralisme. Il achève, en 1901, *The Octopus* et *The Pit,* en 1902, avant de mourir suite à une opération de l'appendicite. Homme de culture, Norris entend décrire objectivement les maux d'une société californienne qui est l'envers de l'Eldorado. *McTeague* est une histoire de rapaces dans un quartier populeux de San Francisco où l'anti-héros éponyme est un dentiste à la carrure de colosse, époux d'une femme juive qu'un énorme gain à la loterie fait sombrer dans une avarice sordide. Dénoncé par un rival pour pratique illégale, McTeague entre dans une fureur qui le perdra. La San Joaquin Valley sert de décor à *The Octopus* (la Pieuvre) consacré à la guerre que se livrent céréaliers et compagnies ferroviaires dont les victimes sont les ranchers. Cette fresque a une tonalité épique pour décrire les pratiques déshonorantes de spéculateurs qui oppriment l'Ouest pastoral des pionniers. *The Pit* évoque les aléas de la spéculation dans l'agrobusiness de Chicago, tandis que les intrigues sentimentales suivent la courbe des réussites et des échecs économiques. La fiction de Norris oscille entre l'ambition d'une critique sociale objective et la tentation de l'allégorie morale. Malgré un lyrisme exacerbé l'énergie vitale déployée dans son écriture emporte l'adhésion du lecteur nostalgique de la « frontière perdue ».

La vie aventureuse de Jack London (1876-1916) associe étroitement les éléments biographiques de ce Californien de naissance à son œuvre romanesque. Pilleur de parcs à huîtres à 14 ans, il a bourlingué sur toutes les mers. Chercheur d'or en Alaska, reporter sur la guerre des Boers, le conflit russo-japonais et la révolution mexicaine, il mène parallèlement une carrière d'auteur prolifique. Avec ses gains, il vit dans l'opulence et s'achète en 1907 un yacht qui vogue jusqu'en Polynésie et en Australie, puis de Baltimore à Seattle autour du cap Horn. *L'Appel de la forêt, Croc-Blanc, Le Loup de mer* et *Martin Eden* figurent parmi les plus populaires de ses nombreux romans. Conteur né, il est maître du suspense en enchaînant des actions qui se lisent d'un trait. L'exotisme des îles et le grand silence blanc de l'Arctique ont chez lui le cachet de l'authenticité. L'aventure intellectuelle de London est tout aussi singulière. Militant socialiste à 20 ans, il adhère intensément aux idéologies à la mode, si contradictoires soient-elles. Ainsi Marx, Darwin et Nietzsche sont ses maîtres spirituels. London réprouve l'individualisme libéral en prônant le collectivisme, mais souscrit à l'idéal du surhomme et croit à la supériorité des Anglo-Saxons. Habité par le dynamisme d'un Américain qui cherche passionnément sa voie au tournant du siècle, cet homme excessif meurt prématurément à 40 ans.

La géographie humaine de Hamlin Garland (1860-1940) se situe dans l'Ouest. Il constate les illusions de l'idéalisme agrarien inspiré de Jefferson et les confronte à la spéculation sordide et à l'hostilité du milieu naturel dans son recueil de nouvelles *Main-Travelled Roads* (1891). Le rêve d'une existence rurale édénique se brise ainsi dans « Up the Coulee » et « Under the Lion's Paws » sous la pression des tâches ingrates et des législations étouffantes. *The Mocassin Ranch* (1909) s'ouvre sur le tableau idyllique d'un champ de fleurs sauvages du Dakota. Les horreurs du blizzard y apporteront la désolation.

8. **Theodore Dreiser.** – Natif de l'Indiana, Dreiser (1871-1945) appartient à la génération des disciples de Zola avec notamment *Sister Carrie* (1900), *Le Titan* (1914) et *Le Génie* (1915). Publié en 1925, *Une Tragédie américaine* s'inscrit tardivement dans la même veine. De parents allemands immigrés, catholiques pratiquants, Dreiser souffre des frustrations qu'impose une sévère éducation religieuse. C'est d'abord le rêve américain du succès qui le fascine mais il en mesure les aléas à la lecture de Balzac, de Darwin et de Spencer. Son expérience de journaliste entre Saint-Louis et New York lui révèle les éléments conflictuels et irrationnels de la vie. Son premier roman *Sister Carrie* retrace l'ascension sociale d'une ouvrière provinciale devenue star de comédies

musicales. Son succès contraste avec la lente déchéance de son amant Hurstwood, patron de bar aisé qui, ayant commis un vol quasi fortuitement, s'enfuit avec elle. Abandonné par Carrie, Hurstwood s'avilit pour finir clochard à New York. Le destin des personnages relève des hasards de l'existence et de forces qui les dépassent. Sans véritable talent, Carrie satisfait instinctivement les attentes du public. Publié grâce à Norris, l'ouvrage est cependant retiré de la circulation, afin de parer aux protestations sur son immoralité. Contraint de gagner sa vie en dispersant son activité dans de modestes revues, Dreiser publie ensuite *Jennie Gerhardt* (1911) dont l'héroïne se sacrifie pour la sécurité de son amant. Dans *Une tragédie américaine,* un jeune homme pauvre, Clyde Griffiths, aidé par un riche parent qui l'emploie dans son usine, s'éprend d'une jeune fille de la haute société. Quand une ouvrière avec qui il a eu une liaison passagère lui apprend qu'elle est enceinte, il lui vient l'idée de l'éliminer en faisant chavirer une barque sur un lac, au cours d'une promenade. Au moment où il renonce à commettre son crime, le plan se réalise, semble-t-il, malgré lui. Une condamnation à mort ponctue la tragédie d'un être ambitieux mais velléitaire, pris au piège de ses pulsions. Pour Dreiser passions et émotions relèvent souvent de réactions chimiques qui excluent toute vie spirituelle. Son écriture naturaliste se teinte progressivement d'une phraséologie socialiste. Au demeurant, chroniqueur de la cité américaine, il en traduit les aspects chaotiques et confus dans un style souvent touffu mais vibrant des palpitations d'êtres toujours en mouvement. L'art de Dreiser a influencé toute une génération de journalistes d'investigation dénonçant la corruption des politiciens et des affairistes. Au tournant du siècle, les « muckrakers » sont ainsi des « racleurs de boue » comme Ida Tarbell et Lincoln Steffens qui révèlent les scandales dans des magazines populaires tels que *McClure's* et *Collier's*. *La Jungle* (1906) d'Upton Sinclair (1878-1968), romancier engagé, raconte dans des termes identiques la conversion au socialisme d'un ouvrier des abattoirs de Chicago, broyé par le capitalisme sauvage.

Synclair poursuivra longtemps ses réquisitoires contre la société capitaliste en s'attaquant au journalisme (*The Brass Check,* 1922) aux magnats du pétrole (*oil,* 1927) et à l'affaire Sacco-Vanzetti (*Boston,* 1928).

Chapitre IV

RÉGIONALISME ET ESPRIT NATIONAL

1. Couleur locale et transfiguration.

– Avant la guerre de Sécession, les régions se repliaient sur leur culture spécifique pour donner libre cours aux antagonismes qui faillirent être fatals à l'Union. Au tournant du XXe siècle, la production littéraire franchit les frontières du Nord, du Sud et de l'Ouest. Elle fait connaître les mœurs de contrées méconnues ou de groupes humains restés dans l'ombre. Si l'autocritique a sa place dans ce nouveau climat culturel, elle transcende aussi les clivages pour offrir des images plus génériques des mentalités de l'époque. En Louisiane, George Washington Cable dévoile les intrigues de la vie créole (*Les Grandissimes,* 1880). Le folklore des esclaves noirs forme la trame des *Contes de l'oncle Rémus* (1881) de J. C. Harris sous la forme de fables quelque peu irrévérencieuses. De sa plume trempée dans le vitriol, Albion Tourgée, transfuge du Nord chez les Sudistes en 1865, fait état de son expérience de la Reconstruction durant des années de troubles (*A Fool's Errand,* 1879). Plus controversée est une autre adepte de la couleur locale. Kate Chopin s'intéresse en effet aux créoles et aux Cajuns francophones de Louisiane (*Bayou Folk,* 1894) mais elle aborde audacieusement la sexualité féminine et l'adultère, aussi son roman *The Awakening* (1899) a-t-il alors un parfum de scandale. Sudistes, Yankees et Français américains se croisent dans la fiction de

Constance Fenimore Woolson (1840-1894) où l'esprit régionaliste est confronté aux évolutions de la société urbaine (*The Front Yard,* 1895).

Le mouvement vers l'Ouest s'est achevé en 1890 avec l'occupation de tout le territoire. Le roman de quatre sous *(dime novel)* transfigure l'histoire récente en épopée où s'affrontent pionniers, shérifs, cow-boys, Indiens et hors-la-loi. Chez Owen Wister le cavalier d'origine sudiste s'unit à l'institutrice puritaine pour vivre heureux au Far West (*Le Virginien,* 1902).

Autre auteur de westerns littéraires, Zane Grey dépeint un héros exilé et solitaire affronté au désert implacable de l'Arizona (*Riders of the Purple Sage,* 1912. Bret Harte allie la bonhomie et la tendresse de Washington Irving au comique de Twain dans ses vignettes californiennes. Publiée dans son *Overland Monthly* puis en recueil de nouvelles « The Luck of Roaring Camp » montre de rugueux chercheurs d'or qui adoptent le nouveau-né d'une prostituée morte en couches. C'est de San Francisco qu'émanent les vitupérations d'Ambrose Bierce sur les mœurs américaines. Son humour sardonique et dévastateur s'attaque à la « maudite race humaine » déjà vilipendée par Twain. Le *Dictionnaire du diable* (1911) est un recueil d'aphorismes où on lit « Amour – maladie mentale temporaire curable par le mariage ».

En revanche c'est sur un *moderato* qu'évoluent les paysans et pêcheurs du Maine mis en scène par Sarah Orne Jewett dans *The Country of the Pointed Firs* (1896). Mary E. Freeman propose la chronique d'un monde rural en déclin au Massachusetts (*A Humble Romance*, 1887). Descendant de la dynastie des hommes d'État de Nouvelle-Angleterre, Henry Adams traverse son époque et délivre dans *The Education of*

Henry Adams un message à l'humanité au XXe siècle naissant. Autobiographie à la troisième personne, cet ouvrage constitue une rétrospective des années de jeunesse à Boston et des mutations d'un pays soumis à l'accélération de l'histoire, au sein d'une modernité multiple et complexe à laquelle l'éducation d'un Brahmin n'a pas préparé. Attentif aux idées de Darwin et ouvert à diverses autres influences intellectuelles, Adams s'interroge sur l'évolution, voire la régression du monde. Sa comparaison audacieuse de la Vierge, symbole unificateur de l'Europe médiévale, avec la dynamo, emblème d'une énergie nouvelle lui permet d'illustrer sa conception d'une dynamique de l'histoire aux conséquences incertaines.

2. ***Winesburg, Ohio.*** – Homme protée du Midwest, Sherwood Anderson (1876-1941) connaît une destinée atypique d'écrivain. Ouvrier puis engagé dans la guerre hispano-américaine de Cuba en 1898, il devient fabricant de peinture tout en s'essayant à l'écriture. Il abandonne ensuite son entreprise pour Chicago où, encouragé par le poète Carl Sandburg, il publie une collection de nouvelles sous le titre *Winesburg, Ohio* en 1919, après deux modestes romans sociaux empreints de nihilisme. À Paris, qu'il visite en 1921, il rencontre les Américains de la « génération perdue »[1]. Il se retire enfin dans une ferme de Virginie. George Willard, le narrateur de *Winesburg, Ohio* porte un regard compatissant d'humoriste sur la médiocrité de la bourgade américaine. Aux vertus pastorales des pionniers se sont substituées les obsessions confuses de paysans frustrés, détraqués et caricaturaux qu'An-

1. Voir p. 57.

derson appelle les « grotesques ». La mécanisation a détruit les ressorts de la vie. Amour, beauté et intelligence se sont ainsi effacés de la carte de l'Amérique rurale. Afin d'échapper à pareille aliénation, il s'agit de reconquérir les valeurs agrariennes désertées. Prise de conscience maladroite et pathétique, et résurgence de forces naturelles étouffées par l'emprise de la machine composent la thématique d'Anderson. Ailleurs, *The Triumph of the Egg* (1921) glorifie la féminité et l'animalité. *Dark Laughter* (1925) contraste la joie de vivre des Noirs avec la stérilité spirituelle des Blancs. Le discours littéraire de cet « homme-enfant de l'Ouest » selon ses propres paroles, cherche à traduire l'humilité des gens simples dans un style oral exempt d'artifices. La pose naïve et anti-intellectualiste a pu agacer ses contemporains mais son art de conteur a survécu aux modes.

3. **Willa Cather.** – L'œuvre de Willa Cather (1873-1947) est indissociable du Nebraska de sa jeunesse et de l'Ouest américain. Au terme de sa formation universitaire, elle fait carrière dans le journalisme en s'exilant à New York avec sa compagne. Sa fiction articule la réponse des immigrés européens au Nouveau Monde dans un style inspiré de Flaubert. Aux élans épiques des romans populaires de la Frontière, elle substitue une stricte discipline de l'écriture. *O Pioneers !* (1913) a pour figure héroïque Alexandra, une Scarlet O'Hara suédoise des Grandes Plaines dont le courage transcende les mesquineries et les vicissitudes des drames familiaux. *Mon Antonia* (1918) se situe dans le milieu des immigrés de Bohême, où la vitalité et l'abnégation d'Antonia Shimerda se hissent toujours à la hauteur des circonstances dans une existence

traversée par le malheur. *La Maison du professeur* (1925) confronte le présent au passé d'un universitaire en pleine crise de la cinquantaine plus attaché à des recherches sur les Indiens du Nouveau Mexique qu'aux habitudes de la vie quotidienne. *La Mort et l'archevêque* (1927) relate la construction de la cathédrale de Santa Fe sous l'impulsion de deux prêtres français dont l'un devient le premier évêque du Colorado. Cette fresque de la culture hispano-indienne est une allégorie sur la foi catholique, le paganisme et le pragmatisme nord-américain. Dans *Ombres sur le rocher* (1931), deux jeunes Français du Québec, Cécile Éclair et Pierre Charron surmontent par amour le dilemme des colons partagés entre l'appel de la nature sauvage et les valeurs rémanentes de leur culture ancestrale.

4. **La poésie en quête d'images.** – Au début du XXe siècle, des poètes cherchent à ressourcer leur imagination dans une Amérique qui s'urbanise. Estimant l'esprit créateur en déshérence, de jeunes auteurs se tournent vers le mouvement symboliste pour revitaliser leurs thèmes. L'imagisme soutenu par Amy Lowell, a réhabilité le langage commun, créé de nouveaux rythmes et suggéré des perceptions visuelles dont la vérité sensorielle s'impose en soi comme véhicule de la substance poétique. Certains auteurs choisissent l'exil. Lafcadio Hearn s'expatrie au Japon. D'autres explorent l'inconscient mis en valeur par la psychanalyse. Élevé dans la ferveur religieuse en Illinois, Vachel Lindsay mène volontairement une existence de vagabond tout en donnant des conférences sur l'art. Pour attirer le public, il passe alors de l'« évangile de la beauté » au « vaudeville supérieur ».

The Congo and Other Poems (1914) illustre la nouvelle poésie. Un péan en pieds de quatre syllabes vibre des syncopes de la musique noire et traduit une foi inébranlable dans la nature. *The Chinese Nightingale and Other Poems* (1917) restitue la figure mystique et démocratique du prédicateur-pionnier Johnny Appleseed. Edgar Lee Masters révèle en vers libres les vies secrètes de défunts dans *Spoon River Anthology* (1915) qui a influencé Anderson. Comme lui, Edward Arlington Robinson (1869-1935) se penche sur la ruralité déclinante et réinterprète le discours pastoral à la lumière de la réalité psychologique des citoyens ordinaires. Si le langage de ce Yankee du Maine est parfois jugé cryptique et laconique il entend exprimer l'intuition du spirituel qui « transcende les sens » au-delà du terrifiant « chaos nocturne » (*The Children of the Night,* 1897). Dans *L'Homme qui mourut deux fois* (1924) dégradation et rédemption accompagnent le parcours d'un génie manqué de la musique. L'individualisme de Robinson s'inscrit dans l'éthique transcendantaliste tout en s'exprimant dans un soliloque dramatique de facture réaliste.

Carl Sandburg (1878-1967) est le poète de Chicago. Sa « cité aux larges épaules » qui émerge des *Chicago Poems* (1916) traduit une confiance juvénile dans la démocratie. Sandburg connaît l'Amérique profonde qu'il entend servir par des idées progressistes tout en s'appuyant sur les mythologies américaines dans le langage du peuple. Son vers libre prolifique s'apparente à celui de Whitman et, comme Frost, son contemporain il est honoré de nombreuses distinctions nationales.

Né à San Francisco, Robert Frost (1874-1963) a 10 ans quand sa famille s'installe dans une ferme de

Nouvelle-Angleterre. Après un séjour à Harvard il fait divers métiers puis s'achète une ferme dans le New Hampshire avec l'argent légué par son grand-père. Père de famille nombreuse, il cherche un éditeur pour ses poèmes consacrés à son environnement rural. En 1912, il s'embarque pour l'Angleterre où il se fait enfin publier. Il y évite les imagistes. Reconnu aux États-Unis où il retourne quand éclate la Grande Guerre, il occupe des postes dans plusieurs universités. Sa popularité au XXe siècle lui fait obtenir les honneurs de poète national au cours d'une vie qui se prolonge jusqu'à la présidence de John Kennedy. Le caractère d'airain des Yankees de Nouvelle-Angleterre a légué à Frost ténacité et réticence. Ses tableaux de la vie quotidienne transcendent les objets rustiques et les archaïsmes du paysage rural, en donnant au réel une résonance néo-platonicienne (*A Boy's Will,* 1913 ; *North of Boston,* 1914 ; *Mountain Interval,* 1916 ; *Collected Poems,* 1939). Frost cultive le souvenir dans la pudeur et la sobriété du vers. « Mending Walls » contemple à propos de la réparation d'un mur mitoyen, la difficulté de la communication humaine. « The Death of the Hired Man » parle de la mort d'un humble journalier, « Home Burial » de celle d'un enfant dans la vie d'un couple, « The Road Not Taken » évoque avec mélancolie les choix cruciaux de la vie. Le poète transforme l'isolement en solitude féconde mais la nature n'irradie pas la spiritualité des romantiques : elle sert de décor à des personnages insolites, enracinés dans leur passé. L'œuvre de Frost a franchi les décennies en restant fidèle à elle-même, étrangère à l'éloquence et aux envolées lyriques, mais rigoureuse et émouvante.

Chapitre V

D'UNE GUERRE À L'AUTRE : L'ÉCRITURE À L'ÉPREUVE DE LA MODERNITÉ

1. **La génération perdue.** – Au lendemain de la Grande Guerre, le carnage perpétré au cœur de la civilisation occidentale laisse une empreinte douloureuse dans des consciences en deuil des valeurs humanistes. Les Années folles qui s'étourdissent dans la prospérité sont marquées par l'émancipation féminine, l'âge du jazz et le nouveau rôle des Noirs dans la culture des États-Unis. Au temps de la Prohibition, de jeunes écrivains américains expatriés cherchent à Paris un sens à leur vie. Nombre d'entre eux s'identifieront à la culture de la première moitié du XXe siècle. Ils appartiennent à une « génération perdue », selon la formule de leur mentor Gertrude Stein, auteur en 1923 de *L'Autobiographie d'Alice B. Tokla,* pour qui la création littéraire se situe dans un « présent continu » de visions instantanées.

2. **Hemingway et l'exorcisme païen.** – Ernest Hemingway (1898-1961) reste l'archétype du bagarreur fanfaron, célébrant la joie de vivre. Essentiellement autobiographique, sa fiction revêt la forme de ses aventures et de ses poses. Son registre est multiforme : chasseur dans sa jeunesse au Michigan et plus tard,

dans des safaris au Kenya, boxeur, journaliste, aficionado en Espagne, sa terre d'élection, correspondant de guerre et enfin pêcheur au gros à Cuba. La blessure qu'Hemingway a reçue en Italie comme ambulancier pendant la Grande Guerre, lui a laissé une trace profonde. Aussi est-il en quête d'exutoires à l'angoisse de la mort, quitte à la défier ou à la contempler dans des spectacles rituels. Aux valeurs morales qui ont failli, il oppose le code personnel rigoureux de l'« expert », fut-il matador, chasseur ou guérillero. Son obsession de l'élégance morale se manifeste par l'exigence de la « grâce sous la pression ». Cet individualisme narcissique s'estompe avec le sentiment grandissant de nouveaux dangers dans les années 1930. La guerre d'Espagne et le second conflit mondial vaudront à Hemingway de célébrer la solidarité humaine, et sans doute le prix Nobel en 1954. La dure confrontation avec les tragédies du monde n'exclut pas une distance humoristique voisine de la « tall tale ». Hemingway reconnaissait d'ailleurs dans *Huckleberry Finn* le premier grand roman américain, toujours inégalé. Le style ciselé des textes est laconique, concret et concis, aussi éloigné des envolées lyriques que des abstractions pour coller à l'expérience. *Le Soleil se lève aussi* (1926) reflète les cyniques désillusions de l'après-guerre. Au milieu d'expatriés américains à Paris, oisifs et instables, Jack Barnes qui a été émasculé par une blessure de guerre se comporte avec une douloureuse dignité. De la terre d'Espagne émerge le matador Pedro Romero, qui fait un art du défi à la mort. Femme fatale mais lucide et indépendante, Lady Brett reste néanmoins tributaire d'une société aliénante en renonçant à son amant Romero. Dans une œuvre riche de romans et de nouvelles, *The Killers* est une histoire policière haletante, *L'Adieu aux armes* (1929) évoque la désastreuse retraite de Caporetto qu'Hemingway a vécue lui-même en Italie au cours de la Grande Guerre. L'amour entre l'ambulancier Frederic Henry et l'infirmière anglaise Catherine Barkley connaît un destin tragique dominé par la douleur, la désertion et la mort. Dans *En avoir ou pas* (1937) « roman de la dépression », l'anti-héros de Key West Harry Morgan se rachète de ses fautes par le sacrifice de sa vie. *Pour qui sonne le glas* a pour toile de fond la guerre d'Espagne où le volontaire Américain Robert Jordan s'efforce de résoudre les conflits entre partisans chargés de faire sauter un pont près de Ségovie, avant de se sacrifier pour eux. *Le Vieil Homme et la Mer* (1952) est un hymne à l'endurance du pêcheur cubain Santiago qui doit, seul sur son bateau, défendre sa prise, un énorme marlin, contre les attaques de requins. Il ne reste plus qu'un squelette du poisson à son retour, avant que le vieux et fier pêcheur ne regagne discrètement sa cabane, pour y dormir en rêvant du passé.

3. **Dos Passos et l'hydre du big business.** – De souche hispanique, John Dos Passos (1896-1970) est né à Chicago. Une enfance perturbée le conduit en Angleterre. Après des études à Harvard, il s'engage dans un service ambulancier au cours de la Grande Guerre. Publié en 1921, *Trois soldats* révèle les traumatismes du conflit sur des militaires idéalistes, attachés au messianisme américain. Attiré comme Hemingway par la richesse culturelle de l'Espagne, Dos Passos écrit *Rossinante reprend la route* (1922). Avec *Manhattan Transfer* (1925) il atteint le seuil de la maturité en présentant une myriade d'épisodes de la vie

new-yorkaise. Fortement influencé par le communisme, il s'associe aux campagnes politiques qui dénoncent la condamnation à mort des anarchistes italiens Sacco et Vanzetti. Il séjourne en Union soviétique où il rencontre le cinéaste Eisenstein. La trilogie *USA,* rassemblée en 1938 contient *42e Parallèle* (1930), *1919* (1932) et *La Grosse galette* (1936). Ce panorama critique de la civilisation américaine met en cause un capitalisme vénal, exploiteur des masses comme en témoigne la lutte des classes entre patronat et syndicats *(42e Parallèle). 1919* rappelle le tragique de *L'Adieu aux armes.* Dans *La Grosse galette* hommes et femmes des Années folles se réveillent des illusions du rêve américain. Dos Passos décrit une société chaotique et viciée, vue sous les angles multiples qu'offrent les actualités cinématographiques (« Newsreel ») et le télescopage des titres de presse, des réclames, des chansons et des articles de journaux. Les passages narratifs sont entrecoupés de biographies de célébrités contemporaines, qui contrebalancent les personnages plus modestes de la fiction. Le procédé de l' « œil caméra » présente le point de vue de l'auteur sous la forme d'un flux d'impressions kaléidoscopiques. Pacifiste acharné et contempteur d'une modernité aliénante, Dos Passos reste cependant un intellectuel américain attaché aux libertés constitutionnelles. Comme beaucoup d'auteurs de sa génération, il vit douloureusement le pacte germano-soviétique et les horreurs du stalinisme. Ses écrits postérieurs fortement anticommunistes (*The Theme is Freedom,* 1956) lui coûteront d'être honni de l'extrême gauche. Scepticisme ou pessimisme de l'âge ? Ce protestataire viscéral terminera sa vie dans une ferme de Virginie.

4. **Fitzgerald et l'âge du jazz.** – Natif du Minnesota, Francis Scott Fitzgerald (1896-1940) fait des études médiocres à Princeton avant d'être lieutenant en 1917 sans aller au feu. Son roman *L'Envers du Paradis* (1920) lui procure très tôt succès et richesse. Marié à la séduisante Zelda Sayre qui sombre dans la folie quelques années plus tard, il mène une vie fastueuse en Europe, rencontre Hemingway à Paris puis devient scénariste à Hollywood où son inspiration est bridée par les exigences du système des studios. Ses déconvenues professionnelles et ses déboires personnels le conduiront à l'alcoolisme et à une fin prématurée. Chroniqueur de l' « âge du jazz », formule de son invention, Fitzgerald observe, élégant et désabusé, les turpitudes de la haute société. Nostalgique du Midwest, il oppose l'esprit pionnier aux mœurs bourgeoises de la côte est, et confronte l'idéal d'une Amérique authentique, riche de ses espérances au cynique égoïsme des héritiers de grandes familles. Dans sa nouvelle « Le Diamant aussi gros que le Ritz », esprit de lucre et opulence ont aussi réduit le Far West à un désert spirituel. Originaire du Midwest, Nick Carraway est le narrateur lucide de *Gatsby le magnifique* (1925) où le destin de Jay Gatsby, *self-made man* romantique au passé trouble, est marqué par son amour de jeunesse pour la riche et superficielle Daisy Fay, mariée à un butor. Tentant de la reconquérir en déployant spectaculairement sa réussite, Gatsby se heurte au snobisme méprisant d'une société décadente et corrompue qui détruit les innocents. Victime d'une ironie tragique, il représente un rêve américain né sur la Frontière, dont l'idéalisme ne se réduit pas à la seule acquisition de richesses. D'autres romans portent sur une thématique voisine. L'argent sacrifie les

talents et ruine les espoirs dans *Tendre est la nuit* (1934). Œuvre inachevée, *Le Dernier nabab* (1941) a pour thème les farouches rivalités entre producteurs dans un monde hollywoodien trépidant et factice. Le roman s'ouvre sur une vue d'avion des lumières de Los Angeles. Le jeune réalisateur Morton Stahr s'apprête à conquérir Hollywood mais la cité sur la colline de la nouvelle Sion en fait un « desperado exténué ». Styliste raffiné, Fitzgerald offre une palette de couleurs, symbolique des contrastes entre luxe tapageur et misère sociale ou spirituelle.

5. **Sinclair Lewis, H. L. Mencken et l'Américain moyen.** – Premier prix Nobel américain, Sinclair Lewis (1885-1951) est né au Minnesota. Diplômé de Yale, il est employé dans des travaux d'édition avant de publier deux œuvres, *Main Street* (1920) et *Babbitt* (1922), qui ont symbolisé dans le pays le dépérissement culturel des bourgades frileuses du Midwest. *Elmer Gantry* (1927) et *Dodsworth* (1929) préludent ensuite à une abondante production qui retrouve rarement la vigueur et l'acuité des débuts. À Gopher Prairie qui se résume à sa grand-rue (Main Street), la vacuité intellectuelle est combattue par Carol Milford, une idéaliste qui s'efforce vainement de réveiller des existences étroites et frustrées, endormies dans le conformisme et le matérialisme. George F. Babbitt est un agent immobilier prospère de Zenith, cité du Midwest où ironiquement le vrai bonheur est à son nadir. Laudateur respecté de l'*American way of life* provinciale, Babbitt incarne cependant l'absence de tolérance, d'amitié, et de courage chez des individus velléitaires, incapables d'échapper à leur résignation satisfaite d'elle-même. Le voyageur de commerce Elmer Gantry qui s'immisce

dans une secte évangéliste itinérante, exploite sa loquacité en fascinant des foules de fidèles crédules et hystériques. Industriel de Zenith, Samuel Dodsworth se retire des affaires pour découvrir le fruit défendu dans une Europe sophistiquée. Critique amusé des travers de ses compatriotes, Lewis sait traduire fidèlement leur langage avec un humour dénué d'animosité.

Tel n'est pas le cas de H. L. Mencken (1880-1956), fils d'un fabricant de cigares de Baltimore, qui reste attaché à sa ville comme journaliste de quotidien. Il écrit des billets satiriques avant de diriger l'*American Mercury* (1924). Détracteur des affairistes, des politiciens réformateurs, des universitaires, et des puritains rabat-joie dont il dit qu'ils sont obsédés par la peur que les gens soient heureux, il s'attaque en priorité au « boobus americanus », naïf, ignare et lâche. À la démagogie qui séduit l'hypocrite et le vulgaire, il souhaite voir se substituer une aristocratie de l'esprit (*Prejudices,* 1919-1927). Linguiste, Mencken reconnaît cependant le génie propre des États-Unis dans leur invention lexicale. *The American Language* constitue un travail d'érudition novateur.

6. **Les poètes de la modernité.** – Comment, par les voies de l'imagination poétique, restituer la vision d'un monde chaotique ? Forme et langage se rénovent au cœur de l'expérience contemporaine en lui donnant des significations symboliques. En précurseur, Hilda Doolittle (H. D.) a promu l'imagisme en sculptant son vers comme un objet (*Sea Garden,* 1916). *Hymen* (1921) indique son intérêt pour la Grèce antique. Plus tard, elle est sensible aux techniques du cinéma.

Nomade intellectuel et génie protéiforme, Ezra Pound (1885-1972) élabore un nouvel imagisme en

Angleterre (1908-1920) avant d'offrir un panorama de la civilisation occidentale dans les *Cantos* écrits sur toute une vie qu'il passe pour l'essentiel en Italie. Cosmopolite, ésotérique et iconoclaste, Pound fait des emprunts multiples à la Grèce antique, aux troubadours et à Confucius. Il voit dans l'idéogramme chinois une représentation directe de la nature, étrangère aux abstractions qu'il abhorre. *Hugh Selwyn Mauberley* (1920) stigmatise de manière allusive la médiocrité de la culture moderne et vilipende la démocratie égalitariste. Mauberley se complaît dans un esthétisme stérile sans référence au passé et laisse en héritage un unique poème disqualifié par ses artifices. Personnalité controversée, Pound s'est vu accusé de trahison pour avoir soutenu publiquement Mussolini en qui il voyait le successeur de Jefferson. Déclaré malade mental, il est interné puis autorisé à finir ses jours en Italie.

L'itinéraire de T. S. Eliot (1888-1965) est comparable à celui de Henry James. Quittant la Nouvelle-Angleterre de ses ancêtres, il s'installe en Grande-Bretagne en 1915 et devient plus tard sujet de Sa Majesté. Sa dette envers Pound est selon lui considérable. Moderniste, il intègre à sa création poétique les grands mythes de l'Histoire universelle. *The Love Song of J. Alfred Prufrock* (1915) est un monologue dramatique présentant avec ironie et émotion les méditations d'un homme qui se sent vieillir, solitaire, indécis et incapable de s'engager dans l'amour et la vie. *La Terre vaine* (*The Waste Land,* 1922) exprime le désespoir de l'après-guerre dans une structure narrative qui évoque les mythes païens de la fertilité et la quête du Graal. Les thèmes successifs incluent l'inhumation des morts et la renaissance, la splendeur du passé et la désolation du présent, la décadence de la Vieille Europe, le feu du bouddhisme, l'eau et l'épître de Paul aux Romains enfin la parabole du tonnerre des Upanishads. Ainsi la résurgence obsédante du passé dans le désert culturel du présent confère une dimension cosmique aux hantises de la décadence. En 1927, Eliot se convertit à l'anglicanisme. *Meurtre dans la cathédrale* (1935) est un drame en vers sur le don que l'archevêque de Cantorbéry Thomas Becket fait de sa vie pour sauver l'Église. Le débat entre chair et esprit, croyance et scepticisme (*Ash Wednesday,* 1930) reste le thème central de son œuvre qui lui vaut le Nobel de littérature en 1948. Selon la célèbre définition d'Eliot, la seule manière d'exprimer une émotion dans la forme de l'art est de trouver un « corrélatif objectif », en d'autres termes une séries d'objets, de situations, une chaîne d'événements qui formuleront cette émotion particulière.

Wallace Stevens (1879-1955) fonde sa poésie sur des interrogations philosophiques après une formation à Harvard sous la férule de George Santayana. Cadre dans une société d'assurances, il publie la plupart de ses œuvres quand il est quinquagénaire, mais la vitalité, l'exotisme et la joie qui s'y expriment ne trahissent pas son âge. Images insolites et formules élégantes caractérisent un vers musical riche en figures rhétoriques. La quête intense du sens passe par le contraste entre apparence et réalité, la vision esthétique immédiate de l'objet, une imagination qui transcende le chaos de l'expérience outre la sensualité païenne affranchie des mornes fantasmes puritains. « The Emperor of Ice-Cream » affronte les réalités humaines du deuil et de la jouissance, de la mort et du témoignage des sens (*Harmonium,* 1923). Pédiatre, William Carlos Williams (1883-1963) s'inspire du tellurisme de

Whitman. Sa poétique délibérément artisanale tient l'émotion à distance pour garder l'essentiel des données sensorielles en faisant du poème un objet. En vers libres *Paterson* (1946) est une œuvre volumineuse consacrée à une ville du New Jersey qui se confond avec un homme mythique. Une masse de documents bruts sont associés afin de conférer une vie organique à un ensemble disparate. Le paysage prend ainsi valeur universelle. *In the American Grain* (1925) consiste en essais sur la conception du monde, appréhendé par de grands témoins de l'Histoire.

E. E. Cummings (1894-1962) fut ambulancier comme Hemingway. Jeté en prison pour insubordination, il reste un rebelle. Sa poésie est marquée par une typographie fantaisiste, un jeu sur la ponctuation et la structure des mots qu'il manipule jusqu'à l'excentricité pour en suggérer la richesse visuelle. *Tulips and Chimneys* (1923) et *XLI Poems* (1925) célèbrent l'individu qui a préservé la vitalité et la joie du cœur face aux masses déshumanisées, submergées de platitudes. Natif de l'Ohio, Hart Crane (1899-1932) publie dans *White Building* (1926) des poèmes qui se distinguent en alliant sonorités et images concrètes à une intense vision mystique. Crane y réactualise notamment le mythe de Faust. *The Bridge* (1930) intègre les symboles majeurs de l'Amérique, dont le pont de Brooklyn, image du pouvoir anonyme de création qui unit le passé au présent.

La poésie de W. H. Auden (1907-1973), Anglais émigré aux États-Unis à la veille de la guerre, doit beaucoup à T. S. Eliot grâce à qui fut publié *Poem*s (1930). Sa carrière s'est poursuivie durant des décennies, parfois en collaboration avec Louis McNeice et Christopher Isherwood. Servie par une érudition et un sens musical inné, la poésie d'Auden aborde les sujets les plus prosaïques en les illuminant d'une forme élaborée comme l'égloque, l'idylle ou l'oratorio. Conrad Aiken s'interroge sur la conscience de soi et de l'univers. Les questions de l'identité, du mal, de la guerre et de l'esprit pionnier s'expriment dans des poèmes voulus « immortels » (*Collected Poems,* 1970). Marianne Moore se veut délibérément descriptive avec une poésie authentique faite de « jardins imaginaires avec de vrais crapeaux ». Férue de biologie, elle recourt à des métaphores étonnantes qui suggèrent une faune exotique. Détaché des conventions mais rigoureux, son vers coule harmonieusement (*Complete Poems,* 1967).

Robinson Jeffers est le poète de Carmel sur la côte californienne. Il vitupère comme Ambrose Bierce le mal endémique dans des œuvres où il évoque les turpitudes du monde. Si ses vers peuvent exsuder l'indignation, ils offrent aussi le spectacle des beautés naturelles de la côte rocheuse. *The Women at Point Sur* (1927) propose de décentrer l'esprit humain de lui-même pour retrouver une spiritualité imprégnée des mythes primordiaux. L'aversion de Jeffers pour la société a des accents rousseauistes tout en anticipant sur les attitudes de l'écologie profonde. Edna Millay a aussi porté son regard sur les beautés de la nature mais la fraîcheur de son style est trop influencée par Keats pour revendiquer une place à l'égal de ses grands contemporains (*The Ballad of the Harp-Weaver,* 1923). *John Brown's Body* (1928), poème épique de Stephen Vincent Benét sur la guerre de Sécession, arrive trop tard pour galvaniser le public américain à l'âge du big business. Dorénavant, la machine occupe le jardin de Whitman.

7. **La Renaissance de Harlem.** – Au début du XXe siècle, le statut des Afro-Américains souffre de la ségrégation dans le Sud et généralement de l'image dévalorisée de leur communauté. La mémoire collective a pourtant conservé le souvenir des récits d'esclaves recueillis et transcrits par des tiers comme ceux de Sojourner Truth et de Harriet Tubman. Autre figure légendaire Frederick Douglass (1817-1895), ancien fugitif des plantations du Sud, a laissé une autobiographie poignante (1892). Lawrence Dunbar, poète et dramaturge a su mettre en valeur le folklore et le dialecte des Noirs (Lyrics of Lowly Life, 1896). En 1901 Booker T. Washington prône des réformes progressives dans *L'Autobiographie d'un nègre*. En revanche W. E. Du Bois entend lutter contre la discrimination raciale et l'exclusion des responsabilités politiques en promouvant une élite intellectuelle noire (*Âmes noires,* 1903). Le critique Van Wyck Brooks avait annoncé dès 1915 que l'Amérique était entrée dans l'âge adulte. Le retour à la paix relance les aspirations à l'égalité. La « Renaissance de Harlem » réunit artistes et écrivains noirs dans un bouillonnement d'idées. Livre fondateur, *The New Negro* (1925) d'Alain Locke ouvre la voie aux talents littéraires de la communauté. Poète engagé, Langston Hughes impartit à ses poèmes le rythme du jazz (*Blues du désespoir,* 1926). Zora Neale Huston promène avec humour un regard de femme sur les comportements (*Des Mules et des hommes,* 1935). La vitalité afro-américaine s'affronte à une société frileuse dans l'art dramatique de Jean Toomer, le lyrisme de Countee Cullen, outre les talents novateurs de Claude McKay, James Weldon Johnson, Sterling Brown, Nella Larsen, Jessie Fauset, George Schuyler et Wallace Thurman.

8. **Les humoristes et le New Yorker.** – L'humour ne perd jamais ses droits sur le sol américain. Will Rogers joue au cow-boy philosophe avec une irrévérence matoise, Ring Lardner déboulonne les idoles du sport. Dans sa fable surréaliste *archy et mehitabel* (1927) Don Marquis imagine le dialogue d'un cafard et d'une chatte pour illustrer les frustrations de l'intellectuel et l'émancipation de la femme. La psychanalyse envahissante, le snobisme des nouveaux riches, la frénésie de la vie urbaine et la bureaucratie sont caricaturés par les humoristes parfois surréalistes du *New Yorker* comme James Thurber et Dorothy Parker qui se rient des malheurs du « petit homme » empêtré dans les modes fugaces et soumis à une épouse exigeante. Chroniqueur savoureux de Broadway, Damon Runyon adapte ensuite sa verve journalistique au style romanesque (*Guys and Dolls*, 1932).

9. **Eugene O'Neill et l'avènement du théâtre.** – Né à New York, Eugene O'Neill (1888-1953) est fils d'acteur d'une compagnie itinérante. Étudiant éphémère à Princeton, assistant-régisseur, marin, globe-trotter et journaliste, il retourne enfin au théâtre où il fait son apprentissage d'auteur à New York. Sa pièce *Derrière l'horizon* (1920) lui gagne sa réputation de grand dramaturge. Le destin contrasté de deux frères s'y dessine autour de l'écroulement des rêves, de l'échec et des frustrations. Dans *L'Empereur Jones* (1920), le potentat tyrannique d'une île des Antilles est chassé du pouvoir et retrouve dans la jungle sa condition primitive en victime autodestructrice mais finalement héroïque de sa propre nature. O'Neill poursuit son parcours naturaliste et expressionniste avec *Le Singe velu* (1922). Chauffeur dans la salle des ma-

chines, le matelot Yank est emporté par sa rage de vengeance quand une jeune milliardaire qui visite le navire l'assimile à une bête immonde. Sa descente aux enfers le conduit jusqu'au gorille d'un zoo mais ce marginal ne perd pas son humanité. La nature est la figure centrale de *Désir sous les ormes* (1924) où le vieux mari Ephraïm est trompé par sa jeune femme avec l'un de ses fils. Passion, trahison et infanticide sont les éléments d'une tragédie dominée par l'*hubris* d'Ephraïm. Pièce en neuf actes, *Étrange interlude* (1928) révèle les ruptures et les chaos de gens ordinaires victimes banales des « disjonctions » de la lumière divine. *Le Deuil sied à Électre* (1931) est inspiré de la tragédie grecque réinterprétée par un esprit moderne. Les névroses s'y substituent aux passions décrites par Eschyle et les blessures de guerre aux Furies. La justice n'est pas celle d'Apollon mais reste celle d'un destin personnel. La carrière d'O'Neill se poursuit après guerre avec *Le Long voyage vers la nuit* (1956). Les drames d'une famille déchirée s'y révèlent progressivement au travers de règlements de compte autour d'un père égoïste. Esprit novateur Eugene O'Neill donne corps à sa réflexion métaphysique en composant des personnages communs qui s'interrogent sur le destin, la liberté et la mort avec une passion qui puise sa source dans les mythes primordiaux.

Chapitre VI

REGARDS SUR LE PEUPLE AMÉRICAIN : SOUFFRANCE, ENDURANCE ET FOI DANS LE DESTIN

1. **L'Amérique déprimée.** – La Dépression qui succède au krach de Wall Street en 1929 accable une nation qui s'estime trahie par les mirages de l' « individualisme rugueux » glorifié dans les années 1920. Le capitalisme est alors ressenti comme une gigantesque abstraction étrangère à toute morale. Un courant humaniste fait cependant renaître le rêve américain sous la présidence de Franklin Roosevelt. Poète et homme politique, Archibald McLeish entend galvaniser ses lecteurs en termes épiques (*Conquistador,* 1932). Se détournant de ses anciens modèles T. S. Eliot et Pound, il engage sa plume dans l'activisme de gauche (*America was Promises,* 1939). En 1936, Carl Sandburg exhorte ses concitoyens à l'espoir en publiant *The People, Yes.* Émule de Dos Passos, J. T. Farrell lui emprunte le style du reporter. Au naturalisme hérité de Dreiser il joint le mimétisme langagier de Twain et le matériau brut de la technique du « flux de conscience » pour transcrire l'expérience vécue par des ouvriers de Chicago pendant la Dépression (*Studs Lonigan : A Trilogy,* 1935). Plus discrète, Evelyn Scott (1893-1963) offre une vision corrosive de la morale bourgeoise (*A Calendar of Sin,* 1931) dans une société injuste.

2. **Le peuple de Steinbeck.** – John Steinbeck exerce divers petits métiers en Californie après ses études à Stanford University. Son attachement viscéral au paysage de la grande vallée intérieure de la Salinas où il est né, lui inspire *Au Dieu inconnu* (1933) qui donne le ton de son œuvre future avec le sacrifice du personnage central que son culte de la fertilité pousse à s'immoler au terme d'une période de sécheresse. *Tortilla Flat* (1935) met en scène une communauté imaginaire de paisanos mexicains dont la joie de vivre paraît incongrue pour la mentalité américaine. Roman social, *En un combat douteux* (1936) restitue les conditions de vie de migrants saisonniers en grève. En 1937 paraît *Des Souris et des Hommes,* drame de la fraternité dont les chapitres sont autant d'actes rigoureusement construits qui conduisent inexorablement à une fin tragique. Migrant saisonnier George entretient le rêve d'un bonheur arcadien dans l'esprit de Lennie son compagnon simple d'esprit qui ne sent pas sa force. Poursuivi pour le meurtre de la belle-fille du patron, Lennie échappe au lynchage grâce au geste mortel de George. Au déterminisme implacable répond ainsi l'amitié des humbles. Dans le décor de la Salinas ou de Monterey, nombre des nouvelles de Steinbeck abordent les thèmes du paradis perdu de la nature californienne, des pionniers de la Frontière, de l'hédonisme des Mexicains, menacé par le mercantilisme. *Les Raisins de la colère,* son chef-d'œuvre est publié en 1939. Expropriés de leur ferme les Joad quittent la région du Dust Bowl de l'Oklahoma, appauvrie par la sécheresse. La famille s'entasse dans une vieille voiture cahotante en espérant trouver la Terre promise en Californie. Sous la férule de Ma, la mère

dont le courage est à toute épreuve, les « Okies » se heurtent à la toute-puissance de l'agro-business. Tom le rebelle et Casy le meneur mystique résistent à l'oppression au péril de leur vie. La naissance d'un enfant est le signe ultime d'une espérance que Ma a toujours entretenue.

En 1952, *À l'est de l'Éden* est le premier roman majeur après *Les Raisins de la colère*. Il s'agit d'une saga familiale sur le thème d'Abel et Caïn, sachant que le couple fautif fut chassé à l'est du jardin de l'Éden. Cette réflexion métaphysique sur l'image de la mère, le mal et la rédemption, a été jugée moins réussie que son adaptation cinématographique avec James Dean. Prix Nobel en 1962, Steinbeck a écrit des œuvres quelquefois plus légères (*Travels with Charley in Search of America,* 1962) abandonnant ainsi son engagement progressiste pour une approche moins prolétarienne. Il demeure que l'essentiel de son art s'efforce de concilier diverses formes de l'expérience américaine. On y redécouvre l'esprit épique de Whitman, des échos de l'individualisme émersonien et le naturalisme de Dreiser. Au mal qui s'abat sur les communautés vivant en harmonie, répond généralement la mobilisation des énergies qui tirent leur force d'un véritable tellurisme. Cette fraternité mystique évoquée avec lyrisme a valu quelques critiques sur le populisme de l'auteur. Steinbeck reste à l'évidence le romancier du rêve américain en accord avec le New Deal de Roosevelt.

3. **À la recherche du Sud.** – Les écrivains Robert Pen Warren, Allen Tate et John Crowe Ransom préconisent un retour aux idées de Jefferson au travers d'un mouvement agrairien de nature à redonner une

place à la culture du Sud. Il publie en 1946 *Les Fous du Roi* qui retrace l'ascension du démagogue Willie Stark, gouverneur d'un état sudiste, en qui le public reconnaît aisément le politicien Huey Long.

Ellen Glasgow entend secouer le joug d'une société virginienne asservie au passé (*Les Comédiens romantiques,* 1926). Si Margaret Mitchell identifie avec nostalgie le Sud à l'aristocratie romanesque des planteurs dans son best-seller *Autant en emporte le vent* (1936), la Texane cosmopolite Katherine Anne Porter (1890-1980) dépeint dans *L'arbre de Judas* (1930) l'oppression de l'individu par un pouvoir institutionnel de caractère totalitaire. Lyrique et sensuelle, sa prose aborde des sujets divers. *Hacienda* évoque avec émotion le travail d'Eisenstein au Mexique. Allégorie morale, *La Nef des fous* (1952) s'éloigne du Sud en traitant du « mal fait avec la collusion du bien » à propos d'un voyage transatlantique d'Allemands au temps du nazisme.

Erskine Caldwell dépeint la misère et la truculence des « petits blancs » ruinés mais stoïques dans un environnement brutal (*La Route du tabac,* 1932 ; *Le Petit arpent du Bon Dieu,* 1933).

Déraciné mais encore sous l'emprise de son Sud natal, Thomas Wolfe imprime à ses romans un souffle prométhéen sur fond d'exil (*Au fil du temps,* 1935). Son romantisme narcissique et torturé emprunte autant au style du reportage qu'aux envolées lyriques du poète emporté par son imagination. Cette rhétorique frénétique donne à la fois intensité et touffeur à une œuvre égocentrique, mystique aux accents patriotiques.

C'est en 1940 que paraît *Le Cœur est un chasseur solitaire* de Carson McCullers. Dans une petite ville de Géorgie, John Singer est un sourd-muet voué à la solitude qui paradoxalement prend une stature charismatique en recevant les confidences intimes d'individus divers, chacun décrivant « le muet comme il souhaitait qu'il fût ». Peuplé d'excentriques et de tarés, cet univers sordide s'illumine de rencontres miraculeuses qui mettent fin au drame de l'isolement.

4. **William Faulkner (1897-1962).** – Homme du Sud profond, il a grandi à Oxford, Mississippi, ville qui sert de modèle au « Jefferson » du comté imaginaire de Yoknapatawpha dans son œuvre. Il s'engage dans l'armée de l'air canadienne pendant la guerre, faute de pouvoir répondre aux critères physiques de l'US Air Force. Il suit des cours à l'Université du Mississippi et écrit des poèmes dans le genre pastoral (*La Faune de marbre,* 1924). À la Nouvelle Orléans où il est journaliste en 1925, Faulkner rencontre Anderson qui l'aide à publier *Monnaie de singe* (1926), récit sur le retour d'un soldat mourant. Il passe quelques semaines à Paris, entre Montparnasse et le Quartier latin, comme les expatriés de la génération perdue, avant de s'engager à fond dans son métier d'écrivain au pays natal. Hormis un séjour à Hollywood comme scénariste et ses voyages, Faulkner s'ancre dans le Sud profond. Avec la publication de *Sartoris* (1929) commence la saga de Yoknapatawpha. Elle oppose le déclin de vieilles familles sudistes comme les Sartoris à l'ascension des Snopes qui sans scrupule les évincent. La vie du comté s'enracine dans un passé lointain d'où émerge une violence macabre et baroque qui confère à ce microcosme une dimension mythique. *Le Bruit et la fureur* (1929) raconte la déchéance des trois frères Compson. *Tandis que j'agonise* (1930) se compose de monologues qui narrent le périple funèbre et

cocasse à la fois d'une famille de petits blancs transportant le cercueil de leur mère à Jefferson. Intrusion de la tragédie dans le roman policier, selon André Malraux, *Sanctuaire* suinte de la violence pathogène que subit une jeune fille délurée, Temple Drake, entre les mains d'un malfrat pervers et impuissant, Popeye. Le personnage de Temple revient dans le drame *Requiem pour une nonne* (1951). *Lumière d'Août* (1932) constitue une exploration du mal dans un Sud miné par le racisme, livré à un pouvoir de caste qui fait régner le mépris du Noir et des femmes. *Absalom, Absalom !* (1936) relate l'histoire de Thomas Sutpen, né en 1807, au travers de Quentin Compson à plusieurs générations d'écart. Obsession de la pureté raciale, métissages, ambitions sociales, souffrances et violence forment une trame complexe où l'entrecroisement des témoignages retarde à l'infini les certitudes sur une terre accablée par la fatalité. Les nouvelles de *The Unvanquished* (1938) lient en rétrospective le destin des Sartoris à la guerre de Sécession. Mal endémique, ironie tragique et rédemption s'inscrivent dans *Les Palmiers sauvages* (1939) hors de la saga de Yoknapatawpha. Centré sur les Snopes, *The Hamlet* (1940) brosse avec truculence des portraits de petits blancs. Le folklore ancestral y resurgit dans une atmosphère de violence. Nouvelle du recueil intitulé *Go Down, Moses* (1942, titre inspiré d'un *spiritual*), « L'ours » ressuscite les rituels d'initiation du temps de la Frontière de Davy Crockett. *Intruder in the Dust* (1948) lie le roman policier à une profession de foi sur l'émancipation des Noirs. C'est le récit des frasques juvéniles du grand-père Lucius Priest (*The Reivers,* 1962) qui clôt l'œuvre d'une vie d'écrivain dans une tonalité picaresque. Ces ouvrages cités marquent sommairement les jalons d'une création littéraire couronnée par le prix Nobel en 1950. Dans son discours de réception Faulkner proclame sa foi dans l'indomptable âme humaine, capable de compassion, de sacrifice et d'endurance. Sur les ruines d'une société semi-féodale, Faulkner a conçu une fresque qui ouvre sur des perspectives vertigineuses : entrelacs généalogiques, fantasmes morbides et violence coutumière se conjuguent pour sonder le tréfonds d'une ténébreuse mémoire collective. La dimension universelle des romans tient à une technique narrative élaborée au point d'être parfois jugée abstruse. Si la densité métaphorique du discours faulknérien stimule l'analyse psychanalytique des profondeurs de l'inconscient, elle exerce aussi une fascination du regard sur cet inquiétant miroir de la nature humaine.

5. **Autres temps, autres mœurs.** – Henry Miller (1891-1980) appartient à la génération de Steinbeck et Dos Passos mais ses deux principales œuvres *Tropique du Cancer* et *Tropique du Capricorne* publiées en France en 1934 et 1939 n'ont été diffusées dans les librairies des États-Unis que dans les années 1960. Les « romances autobiographiques » de Miller ont été en effet au centre de débats sur la pornographie et la censure. Marqué par sa vie de bohème à Paris dans sa jeunesse, il se revendique comme marginal, traversant la vie tel Ulysse et livrant un flot d'images sulfureuses, destinées à séduire en bravant les tabous. La critique américaine lui découvre volontiers des affinités avec Rabelais et Whitman. Son érotisme subversif s'épanche dans la sensualité et l'ivresse de liberté du langage. Proche de Miller avec qui elle correspondra, Anaïs Nin a vu sa carrière littéraire s'échelonner sur

plusieurs décennies après *The House of Incest* (1936). Érotisme, narcissisme et nœud œdipien jalonnent l'expression libre d'une conscience féminine qui s'assume pleinement dans son journal. Elle valide ainsi une expérience sexuelle émancipatrice qui a pris valeur d'exemple.

La Dépression et le New Deal correspondent aussi à une floraison de romans qui ont l'Ouest pour thème. *Le Facteur sonne toujours deux fois* (1941) de James Cain et *They Shoot Horses, Don't they* (1935) de Horace McCoy révèlent l'envers sordide du rêve américain en Californie : amants terribles qui tuent le mari trompé, saccage de la nature à l'ère de l'automobile, claustrophobie des chômeurs qui participent à des concours de danse au finish... Avec *Wait Until Spring* (1938), John Fante commence sa saga de l'Ouest à travers le personnage d'Arturo Baldini dont l'itinéraire le conduit du Colorado familial aux bas-fonds de Los Angeles, devenue Cour des miracles. Ancien détective privé de la célèbre agence Pinkerton et fin connaisseur de San Francisco, Dashiell Hammett inaugure le roman noir (« hard-boiled ») aux États-Unis. Policiers corrompus, gangsters, femmes vénales, pervers et escrocs de haut vol sévissent dans *Le Faucon Maltais* (1930). Le détective privé Sam Spade y enquête sur la cupidité et les perversions de la société californienne. Romancier de Los Angeles, « la cité du mensonge », Raymond Chandler décrit un monde urbain gangrené. S'il obéit au code d'honneur d'un chevalier médiéval, le privé Philip Marlowe est aussi le héros des causes perdues (*Le Grand Sommeil,* 1939).

Les scandales hollywoodiens dont se repaît la presse populaire sont revus sous l'éclairage de l'ironie par Nathanael West dans *The Day of the Locust* (1939) où se côtoient une starlette, un cow-boy en rupture, un Mexicain et un curiste névrosé du Midwest. Palais des mirages, « la ville du clinquant » est aussi l'enfer des névroses entre la paranoïa des studios et l'hystérie des fans. Pareille vision de l'absurde est cependant une étape vers la reconquête de la lucidité.

Chapitre VII

ENJEUX EXISTENTIELS, PLURALISME CULTUREL ET FÊLURES DU CONSENSUS

1. **La littérature populaire.** – La seconde moitié du XXe siècle voit le triomphe de la société de consommation. L'édition sait être attentive aux goûts du public en dispensant des œuvres qui relèvent de la culture de masse. Le best-seller tire son statut du chiffre des ventes et répond rarement aux critères de la critique littéraire qui a ignoré Louis Bromfield (*Early Auumn,* 1926) et Pearl Buck, prix Nobel en 1938, avec ses romans sur la Chine (*The Good Earth,* 1931). Fresques et sagas ont la faveur de millions de lecteurs, comme celles de John Jakes (*North and South,* 1982), Leon Uris (*Exodus,* 1959), *Erich Segal* (Love Story, 1970) et James Michener (*Centennial,* 1974). Tout aussi populaires sont aujourd'hui des auteurs de romans policiers et d'horreur comme Stephen King et Mary Higgins Clark ainsi que Michaël Crichton ou encore Tom Clancy. Des écrivains de renom ont eux aussi eu droit à la popularité du best-seller comme Sinclair Lewis, Upton Sinclair et Gore Vidal. La science-fiction fait souvent preuve d'ambition littéraire en alliant les hypothèses scientifiques à l'imaginaire (Isaac Asimov). Inventeur du concept au début du siècle dernier, Hugo Gernsback a initié le « space opera » avec robots et

extra-terrestres. Entre utopie et cauchemars, les œuvres traitent de pouvoirs occultes (F. Pohl, *Space Merchants,* 1953), de savants fous, de conquêtes galactiques et de haute technologie déshumanisante (Ray Bradbury, *Fahrenheit 451,* 1953). Plus récemment, William Gibson explore le « cyberspace » avec *Neuromancer* (1984). Certains auteurs ont conçu pour ce genre une expression littéraire novatrice, comme Joanna Russ, Ursula LeGuin, Philip K. Dick et Ted Mooney (*Easy Travel to Other Planets,* 1981). Le culte du « happy end » qui prévaut dans les livres destinés au grand public ne saurait cependant occulter l'inquiétude, voire le malaise que reflète la vogue du « gore ».

2. **Retour à la paix et guerre froide.** – Malgré l'essor économique et la stabilité politique qui règne sur une Amérique jalouse de ses libertés et de son pluralisme après la Seconde Guerre mondiale, le climat moral des années 1950 laisse néanmoins percevoir la conscience d'une innocence perdue. Guerre froide, conflits de générations et luttes ethniques paraissent peu à peu entamer à nouveau l'idéal de la poursuite du bonheur. La mode est à l'introspection et aux questions existentielles. Le retentissement de la guerre est traité par Herman Wouk en termes de paranoïa et de droit du militaire à la désobéissance (*Ouragan sur le Caine,* 1951). Le roman policier de Ross McDonald ne quitte pas la Californie de Chandler et Hammett, dont il approfondit le climat délétère de règlements de comptes. Son détective Lew Archer sait à merveille scruter les secrets de famille et des hiérarchies sociales (*The Galton Case,* 1959). Poursuivant une carrière littéraire entamée dans les années 1930, John O'Hara (1905-1970) scrute l'intimité des couples et les pulsions d'individu sous le

vernis social (*La Rage de vivre,* 1949). Plus conservatrice Mary McCarthy se penche sur les trajectoires d'étudiantes représentatives chacune à sa manière des expériences contemporaines de la femme américaine (*Le Groupe,* 1963). Les personnages de John Marquand appartiennent à la comédie de mœurs où les velléités de rébellion sont finalement tempérées par un sage compromis avec les conventions sociales (*Melville Goodwin, USA* (1951). C'est la médiocrité du présent que Louis Auchincloss contraste avec la stature d'une génération aristocratique en voie d'extinction (*The Rector of Justin,* 1964). Plus en nuances que John O'Hara, John Cheever relève discrètement les inhibitions de ses New-Yorkais et Yankees dont la réussite sociale s'achète souvent par des bassesses. Quand il arrive que la violence ou le désir rompe le barrage des convenances, le ton ironique du récit en mesure singulièrement les effets. La vie de banlieue recèle cependant des mystères insoupçonnés. *Les Wapshot* (1957) dépeint une famille d'excentriques qui vit dans un petit port du Massachusetts. Le vieux Leander, y pilote un ferry-boat. Il reste le dérisoire mais dernier garant d'un modeste bonheur pastoral dissipé par les destins picaresques et tourmentés des enfants qui cherchent fortune et collectionnent les échecs. La mort d'un père dans un accident de voiture (*Un Mort dans la Famille,* 1957) détermine les drames d'un foyer paisible du Tennessee dans un roman largement autobiographique de James Agee, également connu comme scénariste et journaliste pour ses observations des métayers de l'Alabama pendant la Dépression.

3. **La génération des *beatniks*.** – Ultime destination des « prophètes du rivage brûlant », la Californie du

Nord fascine les écrivains de la « Beat Generation » comme Allen Ginsberg, Gary Snyder, William Burroughs et Jack Kerouac qui entendent ranimer la flamme vacillante d'une culture déshumanisée par le matérialisme de la société d'abondance. Snyder décrit le quartier de North Beach où vivent les beatniks, comme l'étrave d'un navire. Dans ses poèmes il dit de lui-même qu'il tient aux valeurs les plus archaïques telles que la fertilité de l'âme et le pouvoir de la solitude (*Myths and Texts,* 1960 ; *Regarding Wave,* 1970). Autre héraut de la « Beat Generation », Allan Ginsberg constitue l'archétype de la contestation. C'est à San Francisco avec l'aide de Lawrence Ferlinghetti, auteur sulfureux de *Pictures of a Gone World* (1955) qu'il inscrit le mouvement dans une Renaissance de la poésie avec *Howl* (1956), diatribe contre l'esprit de lucre qui fait adorer le « moloch » de l'argent. Snyder, *alias* Japhy dans *The Dharma Bums* (1958) de Kerouac condamne le « moneythéisme » de la Babylone newyorkaise et exalte une mystique de la sensualité et de la drogue tandis que William Burroughs transmue la « drug culture » en ascèse dans *Le Festin Nu* (1959). Bohème et routard, Jack Kérouac écrit au fil des jours une prose instantanée qui trace les pistes jusqu'à San Francisco et Mexico dans *Sur la Route* (1957). Son personnage autobiographique Sal Paradise voyage cinq ans entre l'Atlantique et le Pacifique, en compagnie du beatnik Neal Cassady *alias* Dean Moriarty. L'itinéraire picaresque s'agrémente de liaisons passagères et de séparations. La rupture avec la société est un choix plus qu'un échec dans leur milieu de beatniks en rupture qui trouvent une forme de bonheur dans des liens communautaires. Le périple assorti de « trips » depuis les gratte-ciel de New York jusqu'aux séquoias qui jouxtent le pont du Golden Gate, leur fait découvrir une nature sauvage, génératrice de force intérieure, où silence et solitude engendrent le sentiment du sacré.

4. **Au-delà de l'innocence.** – Auteur de *Franny and Zooey* (1961) et d'autres textes qui représentent des membres excentriques et généreux de la famille Glass (« A Perfect Day for Bananafish », *Nine Stories,* 1953), J. D. Salinger est d'origine new-yorkaise. Son parcours atypique l'a incité à se retirer dans un village de Nouvelle-Angleterre et à disparaître prématurément de la scène littéraire au début des années 1960. Dans son œuvre majeure *L'Attrape-cœur* (1951), Holden Caulfield est un adolescent de 16 ans, renvoyé de son lycée de Pennsylvanie. Pour les vacances de Noël, il quitte sans regret des élèves ennuyeux et exaspérants pour rallier New York où réside sa famille. Cet itinéraire chaotique qui rappelle celui de Huck Finn, le conduit dans un hôtel borgne. Le liftier propose une prostituée à Holden qui se récuse à la dernière minute tout en devant payer sous la menace d'un proxénète. Holden propose ensuite sans succès à une copine de fuguer avec lui. Les avanies se succèdent avec de pénibles rencontres. Il s'enivre et retrouve sa sœur Phoebe qui est une affectueuse confidente, désemparée par son négativisme. À ses interrogations, Holden répond qu'il s'imagine être le sauveur de milliers d'enfants qui jouent dans un champ de seigle et courent vers le bord d'une falaise. Il s'agit donc de les attraper avant qu'ils ne tombent. Cette chute des innocents, Holden risque de la subir lui-même quand il est confronté à un ancien professeur qui lui fait des avances. Écœuré par les humains, Holden décide de partir à l'Ouest mais son affection pour Phoebe le pousse à revenir au foyer. Au

terme d'une phase dépressive, il éprouve enfin une sympathie pour tous ceux qu'il a connus, même le proxénète. Le parcours initiatique de *L'Attrape-cœur* révèle le mal dans l'âge adulte. Le bonheur n'existe plus que dans les relations entre Holden et sa sœur dans une famille où les parents sont étrangement absents. L'intégrité de Holden survit dans sa capacité de préserver les valeurs de l'innocence malgré la fatalité du mal.

5. **Résurgence du Sud.** – L'omniprésence de Faulkner sur la scène littéraire ne saurait éclipser les autres écrivains du Sud. Les nouvelles de Flannery O'Connor (1925-1964), née en Géorgie, n'épargnent au lecteur aucune image de cruauté et de souffrance. La vie de ses marginaux s'apparente à un grotesque chemin de croix jalonné par l'horreur, mais touché par la grâce (*A Good Man is Hard to Find,* 1955). Le Sud de cette romancière catholique a des points commun avec celui de Faulkner dans la subversion des valeurs pastorales et une violence endémique. S'écartant du naturalisme, O'Connor revient aux mystères de l'existence dans une atmosphère lourde de péchés mais traversée par les fulgurances de la révélation spirituelle, porteuse de rédemption.

Eudora Welty circonscrit sa géographie humaine au delta du Mississippi. Son « gothique sudiste » transcrit des scènes chaotiques avec un art rigoureux. *La Fille de l'Optimiste* (1972) a pour thème la solitude d'une femme déchirée par le remariage de son père. Dans cette fiction où pèse lourdement le passé, les personnages à la recherche d'eux-mêmes assument souvent l'apparence comique des contes de Mark Twain (*The Ponder Heart,* 1954). Plus profondément ils s'inscrivent dans les grands mythes où se déchiffre la condition de l'homme et de la femme. Puissance de l'imaginaire et sensualité des images caractérisent cette œuvre créatrice d'une esthétique de la mémoire.

Neveu de William Percy, auteur de *Lanterns on the Levee* (1941), Walker Percy appartient à la culture du Delta. Inscrit lui-même dans la modernité par ses études médicales, il mène une investigation du mal et de la fatalité en composant des personnages individualistes et solitaires qui s'éveillent à la conscience de l'absurde. Dans *Le Cinéphile* (1961), le narrateur Binx Bolling, dépasse son atonie pour effectuer une forme de pèlerinage spirituel jusqu'au bord de la conversion grâce à sa relation avec une femme lors du Mardi Gras de la Nouvelle-Orléans. Avec *Le Dernier gentleman* (1966), Percy examine le malaise et les traumatismes d'un Sudiste amnésique qui après avoir enfoui en lui-même la terreur du passé, quitte New York pour le Sud à la recherche confuse d'une sorte de grâce. Ami de Percy, Shelby Foote appartient au Sud profond du Mississippi. Il explore d'abord la condition des petits blancs (*Follow Me, Down*, 1950) puis il se plonge dans l'étude de la guerre de Sécession. Sa triologie *The Civil War : A Narrative* (1974) est suivie de *September, September* (1977) qui prend pour sujet le kidnapping d'un enfant noir de Memphis par des Blancs racistes en 1957, à l'époque des conflits sur la ségrégation des écoles.

De sa Virginie natale, William Styron tire le thème tragique d'une jeune fille suicidaire qui n'a pas trouvé dans sa famille la compréhension, l'amour et la sécurité qu'elle attendait (*Un Lit de ténèbres,* 1951). Avec *Les Confessions de Nat Turner* (1967) Styron se tourne vers l'histoire des Afro-Américains. Le massacre de Blancs en 1831 par des esclaves révoltés est relaté par le protagoniste lui-même dans un récit imaginaire avant son exécution. Loin des paysages de Virginie mais proche des réminiscences de l'esclavage, *Le Choix de Sophie* (1979) a pour narrateur Stingo dont la rencontre avec une survivante d'Auschwitz donne lieu à une réflexion sur les horreurs des camps et les stratégies de survie au prix d'une compromission qui *a posteriori* se révèle autodestructrice. Dans la fiction de Styron, les illusions de la libération se soldent souvent par l'échec et la souffrance.

Un enfant de Dieu (1973) et *L'Obscurité du dehors* (1968) de Cormac McCarthy participent d'un gothique sudiste avec leur cortège de meurtres, d'inceste, de brutes grotesques et de tueurs solitaires. Portés par une rage de vivre affranchie des contraintes, les personnages s'affirment par la violence et s'autodétruisent.

6. **La nostalgie de l'Ouest.** – Le western littéraire connaît un renouveau après guerre en réinterprétant l'histoire de la Frontière avec un regard critique qui corrige les images épiques du passé. A. B. Guthrie revisite l'Ouest des trappeurs dans *The Big Sky* (1947) et *The Way West* (1949). Sinistre parodie du destin manifeste, la logique des spéculateurs est d'évincer Indiens et Mexicains en se donnant l'alibi d'une mission civilisatrice. L'auteur le plus prolifique de westerns jusqu'à sa mort en 1988 est Louis L'Amour. Son roman *Hondo* (1953) lui vaut la consécration d'autant que l'adaptation à l'écran de ce best-seller est rehaussée par la présence de John Wayne. C'est autour de l'expédition du général Ashley que Frederick Manfred bâtit son intrigue de *Lord Grizzly* (1954). Le trappeur Hugh Glass est laissé pour mort et abandonné, après avoir combattu un grizzly. C'est le désir de se venger d'un général tyrannique qui le maintient en vie. Il se nourrit de ser-

pents et du sang d'un chien errant. Contraint à régresser dans l'animalité, il revient néanmoins à la condition humaine en renonçant finalement à se venger. Pour Frank Waters, l'interaction de trois cultures, indienne, hispanique et « anglo » donne à l'homme de l'Ouest une conscience cosmique qui l'affranchit de son aliénation (*L'Homme qui tua le daim,* 1942).

7. **La scène américaine.** – Les dramaturges américains qui ont grandi à l'ombre d'Eugene O'Neill se sont ensuite affirmés dans des genres divers. Les mélodrames de Robert Sherwood font ressentir les séquelles de la guerre dans le pacifisme de *The Road to Rome* (1927), Hannibal se détournant de sa marche sur la capitale de l'empire. *Waterloo Bridge* (1930) conte l'amour impossible d'un militaire chevaleresque et d'une prostituée. D'autres pièces historiques ancrent Sherwood dans l'atmosphère des conflits mondiaux. C'est une perspective voisine qui anime le théâtre idéaliste et nostalgique de Maxwell Anderson friand de fresques épiques (*Valley Forge,* 1934). Le populisme maîtrisé de Thornton Wilder transfigure le quotidien en merveilleux avec une sobriété qui met en relief la dignité des humbles comme le fait alors Frank Capra au cinéma (*Our Town,* 1938). Clifford Odets donne à ses pièces des accents prolétariens à l'instar de *Waiting for Lefty* (1935) qui met en scène une grève des taxis. Ses « fables expérimentales » constituent des réquisitoires contre l'ordre capitaliste, facteur d'insécurité. Le Californien William Saroyan a une écriture spontanée qui transcrit à la manière du reportage les idiosyncrasies de l'*homo americanus* de la rue et des bars pour restituer les fines observations d'une comédie humaine (*The Time of Your Life,* 1939 ; *The Cave Dwellers,* 1958).

Enfant du Sud, Tennessee Williams (1911-1983) rencontre le succès avec *La Ménagerie de verre* (1944), histoire pathétique d'une mère frustrée victime de ses fantasmes, œuvre largement autobiographique, suivie de *Un Tramway nommé désir* (1947) où dans un bas-quartier de la Nouvelle-Orléans, Blanche, Dubois d'origine huguenote confronte ses rêves névrotiques à une réalité brutale et vulgaire chez sa sœur où elle a trouvé refuge. Victime d'un milieu sordide, après avoir été violée par son bellâtre de beau-frère, elle finit dans un asile non sans avoir dit : « J'ai toujours suivi des étrangers. » Les pièces de Williams révèlent le sombre côté de la vie dans une atmosphère gothique. En proie à la violence, les personnages livrent jusqu'au paroxysme leurs batailles perdues. Le cadre de *La Chatte sur un toit brûlant* (1955) est une plantation dont le maître est à l'agonie. Tabous sexuels, culpabilité, alcoolisme, mensonge et hypocrisie sont les agents d'une désintégration de la famille. Dans *Soudain l'été dernier* (1958) le fils homosexuel d'une femme possessive s'offre à de jeunes cannibales. *La Nuit de l'iguane* (1962) décrit l'ascèse d'un homme d'église défroqué et jouisseur qui se libère de ses obsessions comme un animal délivré de sa cage. Hommes et femmes sont excessifs, tragiques, morbides et excentriques dans cet univers orphique submergé par les sensations fortes.

Intellectuel engagé, Arthur Miller, né en 1915 a vécu dans sa jeunesse les années de Dépression et observé les forces armées pendant le conflit mondial, dont il loue l'esprit de camaraderie dans ses pièces *The Story of* GI *Joe* (1944) et *Ils étaient tous mes fils* (1947). Les dialogues puissants reflètent les débats de conscience d'une famille déchirée par la culpabilité du père. *Mort d'un commis voyageur* (1949) est une peinture pathétique des dérives du rêve américain. Miller critique les abus de pouvoir et les impostures contemporaines dans *Les Sorcières de Salem* (1953) où il met férocement en parallèle les puritains du Massachusetts avec la commission sur les activités antiaméricaines sous l'égide du sénateur McCarthy au temps de la guerre froide. Il est d'ailleurs convoqué devant cette commission en 1956 mais sa stature de dramaturge, sa popularité et son mariage avec Marilyn Monroe lui ont valu ensuite la mansuétude de ses censeurs.

David Mamet partage avec Miller la vision critique de la société américaine dans *Lakeboat* (1981). Edward Albee débusque les cruelles vérités de la condition humaine sous les apparences sociales (*Qui a peur de Virginia Wolfe,* 1962). Rébellion, statut de l'artiste, magnétisme de l'espace, amours précaires et drames de la famille sont les *leitmotive* de Sam Shepard dont les inventions scéniques sont voisines des collages de l'art américain postmoderne (*A Lie of the Mind,* 1986). Ses pièces passent subrepticement du surréalisme au réalisme en alternant les abstractions avec les mythes. Neil Simon reste quant à lui une valeur sûre de Broadway (*Lost in Yonkers,* 1990).

8. **Les romans de l'identité et de l'exil intérieur.** – Le thème de l'étranger est récurrent dans le roman qui retrace un itinéraire personnel. Juif new-yorkais d'origine modeste, Bernard Malamud (1914-1986) a vécu la Dépression dans sa jeunesse. La leçon humaine qu'il en a reçue, associée à une vaste culture personnelle le qualifie très tôt comme observateur privilégié de la communauté juive américaine. La Seconde Guerre mondiale lui fait profondément ressentir le choc de l'Holocauste qui hante désormais les pages de sa fic-

tion. Il publie en 1957 *Le Commis* et réunit un recueil de nouvelles l'année suivante sous le titre *Le Tonneau magique*. Viendront ensuite *L'Homme de Kiev* (1966) et *Les Locataires* (1971). Dans les structures narratives de Malamud, le protagoniste poursuit confusément son rêve américain dans le ghetto avant qu'un « messager » chargé d'expérience n'éveille sa conscience à la vie au prix d'épreuves successives accompagnées d'image de brisure et d'implosion teintées d'humour.

À l'orée des sixties le portrait que fait John Updike des classes moyennes au travers de son personnage inculte mais symbolique de Harry « Rabbit » Angstrom (*Ce que pensait Roger,* 1960) s'inspire des trois stades de l'identité dans la philosophie de Kierkegaard le sensuel-esthétique (lapin) l'angoisse existentielle (angst) et l'aspiration à la lumière (angstrom). Face au rigorisme moral obsédant, Updike fait surgir des images érotiques de la libération sexuelle, au milieu des tensions multiples d'une Amérique qui se déchire. Il présente ainsi parfois complaisamment mais avec une redoutable acuité des mœurs débridées que son profond esprit religieux désavoue en même temps de manière ironique.

L'œuvre de Saul Bellow, prix Nobel en 1976, s'identifie à une expérience juive-américaine pénétrée de valeurs humanistes européennes et ancrée dans l'environnement de Chicago. *Les Aventures d'Augie March* (1953) inscrivent le protagoniste dans une tradition picaresque américanisée assortie d'une quête des origines. C'est une démarche analogue qui anime le personnage éponyme de *Herzog* (1964), auteur universitaire que la névrose conduit au bord du suicide au terme de déboires avec les femmes et après la trahison d'un ami. *La Planète de M. Sammler* (1970) consiste en une critique imaginaire de la société moderne vue par un survivant humaniste de l'holocauste. *Le Don de Humboldt* (1975) revient dans une tonalité tragicomique sur le conflit œdipien avec le père. Le dépressif submergé par le monde et l'histoire, doit composer avec la réalité dans cette vision humoristique qui fait un pied de nez au désespoir. La comédie humaine de Bellow repose sur une véritable anthropologie sociale, le milieu urbain n'étant pas très éloigné de la tribu primitive. Herzog lui-même se complaît dans une délectation morose génératrice d'idées de meurtre. Par bonheur ses plans sont frustrés et il se retrouve finalement là où le destin l'a voulu sans plus de message à délivrer.

D'origine juive polonaise, Isaac Bashevis Singer écrit souvent sa fiction en yiddish. Elle aborde le lointain mais toujours douloureux héritage de sa communauté en y associant le mysticisme, le folklore, l'érotisme et la violence des fanatismes. *Ennemis* (1969) est son premier roman à se passer aux États-Unis. Un juif polonais y croit sa femme morte, épouse celle qui l'a sauvé d'un camp nazi et se retrouve bigame. La fantaisie et l'humour président souvent aux vignettes de Singer sur les idiosyncrasies du ghetto. Il a reçu le prix Nobel en 1978.

L'œuvre de Philip Roth a suscité la réprobation pour son obscénité tout en traduisant l'obsession libidinale de ses contemporains avides de bonheur mais saisis par le vertige de l'échec. *Goodbye Columbus* (1959) présente des anecdotes de la vie juive sur un ton enlevé. *Portnoy et son complexe* (1969) est un portrait hilarant des juifs de la classe moyenne new-yorkaise. La mère possessive d'Alexander Portnoy en a fait un être fragile et culpabilisé qui surmonte son complexe de castration avec des filles choisies hors de son milieu ethnique. Une introspection maladive lui coupe son élan vital surtout quand lui fait face la pulpeuse Noémie, ancienne combattante israélienne à la sexualité irrépressible. Réfugié dans son onanisme, Portnoy n'ose pas assumer l'émancipation sexuelle de la société de consommation. Dans plusieurs romans, Zuckerman est un personnage récurrent dont on voit se développer la carrière littéraire jusqu'au succès et après, lorsqu'il a perdu « sa santé, ses cheveux et son sujet ». La satire politique virulente, surréaliste et burlesque de Roth s'applique dans *Tricard Nixon* (1971) où l'on voit le président envahir le Danemark, s'apprêter à révéler son homosexualité, se faire tuer par des scouts et prononcer un discours en Enfer où il espère être élu à la place de Satan. Le talent de Roth est inséparable du doute, de l'appréhension et de la panique qu'engendre une crise de la culture distanciée par l'humour. C'est aussi dans la satire que se déploie l'invention verbale de Stanley Elkin avec ses portraits d'un animateur de radio (*The Dick Gibson Show,* 1971) et d'un promoteur de motels (*The Franchiser,* 1976). Elkin est habile à faire surgir le fantastique du quotidien dans *The Living End* (1979) où Dieu juge un homme ordinaire et *George Mills* (1982) fable sur la réincarnation.

9. **Voix afro-américaines et ethnicité.** – La dynamique du mouvement littéraire afro-américain n'a pas faibli à l'orée de la Seconde Guerre mondiale. Richard Wright (1908-1960) s'est inscrit en faux contre les stéréotypes du noble sauvage et du « sale nègre » qui perdurent dans les mentalités. Il est un temps membre du Parti communiste avant de s'en détacher dans les années 1940. Il publie en 1940 *Un Enfant du pays* qui raconte les brimades, les lynchages et la violence du

ghetto de Chicago dans une écriture naturaliste. Transfuge des États-Unis en France et en Espagne, Chester Himes se prévaut de son passé de truand pour dénoncer le racisme dans des romans noirs à tonalité burlesque après ses réquisitoires contre la société américaine (*Lonely Crusade,* 1947, *The Primitive,* 1955).

Nourri de valeurs chrétiennes, James Baldwin (1924-1987) fait une double expérience de la marginalité en étant noir et homosexuel. Ses protagonistes sont des fidèles, des adolescents ou des artistes. Son premier roman, *Les Élus du Seigneur* (1953) évoque un jour dans la vie des membres d'une église de Harlem où l'auteur a grandi. Le texte est pénétré de réminiscences des générations antérieures. Baldwin en appelle alors avec éloquence à l'extinction du racisme dans sa ferveur d'humaniste épris d'universalité. Dans *Giovanni, mon ami* (1956) la scène est transférée à Paris où Baldwin s'est fixé. Il s'agit du conflit intérieur d'un homme déchiré par des tendances bisexuelles. Tout au long de son œuvre, l'auteur se place dans une rétrospective de Harlem soit avec un acteur (*Tell me how long the train's been gone,* 1968) ou un chanteur de gospel (*Just Above My Head,* 1979). Baldwin a participé avec ardeur aux combats pour les droits civiques allant jusqu'à soutenir les mouvements des Musulmans noirs et des Panthères noires. Essayiste et chroniqueur, il s'est penché sur la criminalité et publié *Meurtres à Atlanta* (1985) à propos d'assassinats d'enfants par un pédophile. Dramaturge, il a écrit *Blues for Mister Charlie* (1964), Bildungsroman (roman d'initiation) inversé d'un jeune Noir qui devient chanteur célèbre à New York, sombre dans la toxicomanie, retourne dans son Sud pour retrouver une nouvelle vie mais est assassiné par un Blanc.

C'est aussi la place contestée du Noir dans une Amérique blanche qui mobilise les énergies de Leroi Jones (Amiri Baraka) dont *The System of Dante's Hell* (1965) éclate d'un esprit de révolte nourri d'amertume et de frustration. D'autres auteurs expriment à travers l'absurde et le grotesque une stratégie de survie fondée sur la fable et la parodie. Clarence Major s'interroge sur les formes esthétiques d'une culture noire inévitablement syncrétique (*Réflexe et ossature,* 1975). L'amertume se lit dans les fantaisies surréalistes d'Ishmael Reed qui caricature les rapports interraciaux (*Mumbo Jumbo,* 1972) et présente les aventures d'un cow-boy noir (*Back Radio Broke Down,* 1969).

Homme invisible qui es-tu ? (1952) de Ralph Waldo Ellison (1914-1994) constitue une allégorie sur l'inexistence identitaire des Noirs confrontés à l'Amérique blanche et aux tensions de leur communauté. Cette œuvre cruciale rappelle Dostoïevski par sa profondeur humaine et sa ténébreuse complexité. Elle a été cependant diversement reçue par les Afro-Américains en raison de la foi manifestée dans les valeurs intellectuelles de l'américanisme en opposition à la revendication culturelle afrocentrique. Le narrateur anonyme et invisible du roman monte à New York en toute innocence avant de découvrir qu'il est pris au piège de militants marxistes qui entendent exploiter son éloquence. La stratégie de l'agit-prop répond aux ambitions politiques de leaders intéressés par la seule conquête du pouvoir. Ellison a dit que le Noir était la métaphore de l'Amérique. Les campagnes des droits civiques dans les années 1950 et 1960 ont à l'évidence créé un climat de revendication qui a pesé sur le pays à l'heure de la contestation et de la contre-culture (*Shadow and Act,* 1964).

Chapitre VIII

CONTRE-CULTURE, POSTMODERNITÉ ET FICTION EXPÉRIMENTALE

1. **La littérature en question.** – Nombreux sont les écrivains des « sixties » qui disqualifient la représentation de la réalité dans la fiction. Les expérimentations « postmodernes » conçoivent une « non-fiction » ou une « métafiction » qui déconstruisent l'art narratif selon le « supraréalisme », l'irréalisme à l'instar de Luis Borgès, et le réalisme magique à la manière de Gabriel Garcia Marquez. La nouvelle création littéraire parle de la vie humaine en termes de discontinuité, de disjonction et de fragmentation. La séparation des pièces du puzzle que constituent les valeurs acquises et leur mise à distance contribuent à disloquer ironiquement les conventions du personnage traditionnel, d'autant que les sciences humaines en expansion s'interrogent sur les comportements en des concepts de plus en plus élaborés qui se prêtent à l'analyse psychanalytique, sémiotique et sociologique. La profusion des œuvres tient aussi à l'existence d'auteurs ayant une pratique universitaire. Parallèlement se pose la question de la place de l'esthétique dans l'évaluation des textes. Nombreux sont alors les écrits qui s'attaquent de front à l' « establishment ».

2. **Les auteurs écologistes.** – La contestation politique et sociale depuis les années 1960 vise l'appareil militaro-industriel, le rigorisme moral rémanent assi-

milé au puritanisme et les atteintes à l'environnement naturel. Dans *Silent Spring* (1962), livre culte des écologistes, Rachel Carson révèle les dommages causés à la flore et à la faune par le DDT. Elle imagine une matinée de printemps où le chant des oiseaux ne se ferait plus entendre par la faute des pollueurs. Les canyons de l'Utah fascinent l'écolo-anarchiste Edward Abbey. Son *Désert Solitaire* (1968) constitue une mise en accusation de la société industrielle. Émule de Thoreau dans le désert, il juge que chaque barrage est un crime, chaque route une violation. Son discours relève de l'écologie profonde qui relègue les humains à une modeste place dans l'univers. Wallace Stegner énumère les mutations qui en un siècle ont rompu les équilibres naturels (*The Sound of Mountain Water,* 1969). Le retour à la nature d'Annie Dillard suit aussi les voies tracées par Thoreau dans *Pilgrim at Tinker Creek* (1974). À la manière de Whitman sa vision inclut les dimensions extrêmes du vivant. Mais son regard acéré de naturaliste entend aller au-delà du sensible vers une expérience mystique. La passion des lieux et la mémoire du passé hantent les écrits de femmes de l'Ouest qui prennent la plume depuis une trentaine d'années. Dans *The White Album* (1979) Joan Didion évoque la fonction vitale de l'eau en Californie « à l'ouest de l'Ouest » où la conquête de la *wilderness* reste précaire, même à l'âge de l'informatique. Gretel Ehrlich revit comme Thoreau à *Walden* le cycle des saisons au Wyoming où l'isolement se transmue en solitude romantique au rythme de la nature (*The Solace of Open Spaces,* 1985). Molly Ivins se penche sur le Texas, ses prédicateurs charlatans et ses sectes, ses milices séparatistes préparant le retour de l'ancienne république à l'heure de la mondialisation, ses écologistes enfin qui luttent pour protéger une espèce de salamandre en danger quitte à faire déplacer les usines d'IBM et de Texas Instruments (*You Got to Dance with Them What Brung You,* 1998). La *wilderness* est sublimée chez Barry Lopez (*Desert Notes,* 1976).

3. **Visites guidées du chaos.** – Figure de proue du « nouveau journalisme » qui se détourne d'une prétendue objectivité jugée fallacieuse, Norman Mailer revendique sa subjectivité, amalgame Histoire et destin personnel, reportages d'actualité et combat idéologique, passant allégrement de Marilyn Monroe aux astronautes pour constituer un panorama de l'époque filtré par ses récits autobiographiques. Sa réputation littéraire est déjà reconnue avec son roman de guerre *Les Nus et les Morts* (1948), vision darwinienne du conflit pour le pouvoir sur les êtres. Mailer a des contemporains. Pareils schismes sont également perceptibles entre officiers et soldats chez James Gould Cozzens (*Guard of Honor,* 1948). *Le Bal des maudits* (1948) d'Irwin Shaw dévoile l'absurdité des destins en temps de guerre. *Tant qu'il y aura des hommes* (1951) de James Jones révèle des luttes internes de l'armée qui broie les âmes sensibles, bien que puissent ultérieurement se lever des figures christiques pour racheter les péchés institutionnels. Les règlements absurdes de l'Air Force relèvent du serpent qui se mord la queue dans *Catch 22* (1961) de Joseph Heller où l'antihéros Yossarian s'efforce d'ouvrir la boîte de Pandore hermétiquement scotchée de l'appareil militaire. Le roman fleuve sur la conquête de l'Ouest de Thomas Berger dans *Little Big Man* (1964) offre un mélange détonnant de données ethnologiques et historiques sérieusement documentées, de satire sociale et politique mais aussi de nostalgie d'une épopée révolue. Un

improbable témoin et acteur de 114 ans raconte les désastres des guerres indiennes alors que les États-Unis s'embourbent au Viêt-nam. Walter Abish décale les mots pour subvertir la perception du réel et proposer l'Allemagne comme métaphore de l'horreur (*How German Is It,* 1980). Hormis les drames de la guerre, la thématique de la violence et de la dégradation se répand dans la peinture de la société civile. Oppression et humiliation accablaient déjà le toxicomane de *L'Homme au bras d'or* (1949) de Nelson Algren.

Le beatnik William Burroughs assigne à la drogue une fonction allégorique qui la lie à la condition humaine dans *Le Festin nu* (1959). L'Amérique y est une cour des miracles où déambulent des zombis écrasés par un pouvoir monstrueux. Victime de lui-même, l'homme tente de s'arracher à des mutants qu'il rend responsables de transmettre des virus. Les images hallucinatoires, paranoïaques et nihilistes de Burroughs évoquent des « sauvageons déshumanisés » (*Wild boys,* 1971). Les romans de Robert Stone (*A Hall of Mirrors,* 1966 ; *Dog Soldiers,* 1974) présentent aussi la drogue comme la métaphore d'une société corrompue mais ses personnages qui appartiennent à la classe moyenne savent doser leur consommation pour être capables d'exploiter les autres. C'est l'hédonisme libertaire de Ken Kesey, auteur de *Vol au-dessus d'un nid de coucou* (1962), et de ses « joyeux drilles » qui retient l'attention de Tom Wolfe. Ce nouveau journaliste accompagne leurs pérégrinations et transcrit leur expérience provocatrice des hallucinogènes (*The Electric Kool-Aid Acid Test,* 1968). Adepte du mimétisme « radical chic » Wolfe poursuivra sa spectrographie *in vivo* de l'espèce humaine avec *Le Bûcher des Vanités* (1986). Truman Capote s'efforce de percer un univers plus sordide. Il mène sa propre investigation d'une affaire criminelle au Kansas (*De Sang-froid,* 1965) pour finalement retourner l'accusation contre l'injustice sociale, le meurtrier ayant cru effacer son infirmité par son acte de folie meurtrière. Fable sur le bien et le mal, *Omensetter's Luck* (1966) de William Gass est un réquisitoire contre le pouvoir de bigots qui rejettent un étranger d'une bourgade parce qu'il irradiait la sérénité et une bonté naturelle.

Le thème de la violence est à l'évidence omniprésent dans la non-fiction des « sixties ». Macabre et hilarante métaphore de l'enfermement et de l'aliénation, *Vol au-dessus d'un nid de coucou* est dominé par le rebelle maniaque Randle McMurphy dont l'Indien Chief également interné rapporte les actes qui sèment le désordre dans un hôpital psychiatrique. Neutralisé par une lobotomie, McMurphy doit une mort libératrice à l'Indien qui a su préserver son autonomie avant de chercher d'autres horizons.

Mailer, qui est présent sur tous les fronts de la contestation, raconte de son point de vue d'acteur-narrateur les épisodes de violence qui ont marqué la lutte contre la guerre du Viêt-nam (*Les Armées de la Nuit,* 1968). Romancier des causes célèbres, agitateur patenté, macho provocateur et surtout personnalité médiatique, Mailer s'inscrit dans la grande tradition du roman américain quand il ne se disperse pas pour financer les pensions alimentaires de ses ex-épouses. Joyce Carol Oates compose des personnages qui légitiment la violence en transformant la lutte des classes en conflit de génération (*Them,* 1969). Des enfants d'ouvriers de Détroit s'affranchisent en effet de la résignation de leurs parents, pour acquérir avec cynisme une place au soleil.

Une autre approche expérimentale des valeurs consiste à amortir les traumatismes par la dérision, en refusant le combat devant des obstacles apparemment insurmontables. Le thème de la guerre prend une valeur héroï-comique chez Barry Hannah qui l'étend au champ des relations individuelles (*Airships,* 1978).

L'humour de l'absurde s'applique chez Kurt Vonnegut à l'œuvre apocalyptique d'un savant atomiste qui aboutit à la glaciation de la planète sans provoquer autre chose que la résignation dans l'illusion du bonheur et de la normalité (*Le Berceau du chat,* 1963). Inspiré par son expérience personnelle de prisonnier de guerre sous le bombardement de Dresde en 1945, *Abattoir 5* est une allégorie mêlant réalisme et science-fiction sur le retranchement du monde. Satire de la folie des temps présents, *Le Breakfast des champions* (1973) est aussi un exercice de narratologie. Vonnegut subvertit le point de vue en s'insérant dans le roman en tant qu'auteur au milieu de ses personnages. Il démasque ainsi les artifices de la fiction. *La Revanche de la pelouse* (1971) de Richard Brautigan dénonce l'éthique du travail et le mythe du succès, à la manière « soft » des hippies dont *Sucre de pastèque* nous révèle l'art de vivre libertaire. *La pêche à la truite en Amérique* (1967) réinterprète la pastorale à l'aune d'une Amérique hyperorganisée. Le personnage titre « Trout Fishing » incarne tout un ensemble d'activités humaines aliénantes qui donnent l'illusion du bonheur édénique que trouvait Huck Finn sur le Mississippi.

4. **La fiction en écorché.** – L'écriture postmoderne dépouille la fiction pour révéler les fonctions qui l'animent. Les nouvelles de *La Ville est triste* de Donald Barthelme offrent des contes parodiques

comme celui sur la « La Montagne de verre » dont un New-Yorkais fait l'ascension. La perte du sens et de la foi dans l'imagination condamne à une aporie génératrice d'ennui. C'est dans le jeu sur l'identité que John Barth se délecte à chercher une issue. Universitaire du Maryland, il publie d'abord des textes d'où émerge une pensée inspirée de l'existentialisme. *L'Opéra flottant* (1956) subvertit les valeurs par l'absurde en traitant du triangle mari, femme et amant ainsi que du suicide. Parodie picaresque de l'histoire coloniale, *Le Courtier en tabac* (1960) réinterprète le monde d'Ebenezer Cooke en diluant le sujet central « le tabac » ou « l'herbe aux fous » dans un burlesque débridé. Barth rompt ensuite le lien entre art du roman et sens de l'expérience d'une « literature of exhaustion ». Avec le recueil de nouvelles *Lost in the Funhouse* (1968) l'intrusion du narrateur révèle les illusions liées à l'effet de réel de l'art convenu. Dès 1955 William Gaddis a recherché un substitut à la conception courante de l'artiste. *Les Reconnaissances* montre des personnages narcissiques qui se voient dans des images idéales mais périmées, à l'instar du peintre dont l'ambition est de copier les Primitifs flamands. Demeure, néanmoins, la possibilité de créer son propre univers hors du champ des apparences disparates (*Carpenter's Gothic,* 1985).

Vladimir Nabokov (1899-1977) invente un art hors de l'histoire. L'idée de l'exil a marqué cet enfant d'expatrié d'Union soviétique. *Ada* (1969) explore la longue liaison incestueuse d'un frère et d'une sœur. La vision narcissique de l'artiste, peuplée de réminiscences littéraires, s'y offre comme une transgression des tabous. Nabokov se parodie souvent lui-même comme s'il commettait avec délice des actes contre nature. Le long poème *Feu pâle* (1962) brocarde le pédant qui à défaut de talent, s'empare tel un prédateur de celui des autres. Cependant, la marginalité semble donner une capacité de résistance accrue à l'ego. Dans *Lolita* (1958), la vie de Humbert y est centrée sur son désir de Lolita, une nymphette, dont il a épousé la mère par calcul. Après une longue cavale avec Lolita, trompé et devenu meurtrier, Humbert a vu son rêve se dissiper dans la banalité du quotidien. *Lolita* manipule ironiquement les codes de la littérature érotique, le culte de la jeunesse radieuse et les névroses résultant de l'individualisme aveugle. La parodie est servie par la virtuosité d'un style qui révèle non sans ambiguïté le factice sous les apparences. Le fossé des générations intéresse aussi James Purdy dont les bizarres histoires de mœurs adolescentes paraissent actualiser Holden Caulfield (*Malcolm,* 1959).

5. **Systèmes et entropie.** – Les années d'après guerre ne laissent guère de répit à la sérénité des vainqueurs du nazisme. Entre la réalité et les fantasmes, la frontière est ténue quand s'imposent encore dans l'actualité les images de persécutions, de menace nucléaire et de totalitarisme. *Le Cannibale* (1949) de John Hawkes se présente comme une hallucination sur le caractère cyclique des conflits. L'Américain solitaire, chargé de la reconstruction d'une Allemagne dévastée, est vulnérable quand il parcourt le territoire en moto. Face à lui, un émule d'Hitler peut paraître dément mais sa propagande a une redoutable emprise. Le monde se désarticule à laisser se répandre les fantasmes de la terreur. Hawkes télescope les deux guerres mondiales, fragmente et dévie les points de vue en donnant une image réfractée d'une Allemagne où resurgit l'hydre totalitaire dans une vision surréaliste.

C'est aussi entre réalité et cauchemar que se situe *The Origin of the Brunists* (1966) de Robert Coover, qui pousse le grotesque d'Anderson à l'extrême dans l'évocation d'une secte exploitant la crédulité d'une population minière après un accident meurtrier. Celle-ci cherche un exutoire à ses frustrations face à une situation économique déplorable. L'annonce de l'Apocalypse est alors relayée par une presse friande de sensationnel. *Le Bûcher de Time Square* (1977) mobilise des personnages folkloriques intégrés à la scène politique pour en démonter les ressorts. L'Oncle Sam et le mythique colporteur yankee partagent ainsi la vie de l'Administration sous la présidence d'Eisenhower. Coover fustige les ambitions personnelles et l'agressivité de politiciens devenus des caricatures. Les fantasmes qu'engendrent les conflits inhérents à la société américaine au début du XXe siècle, constituent en outre le thème de E. L. Doctorow dans *Ragtime*. Un Noir musicien de jazz qui a tout perdu par la faute de Blancs prend le contrôle de la bibliothèque Pierpont Morgan. Le célèbre militant noir Booker T. Washington, intervient vainement comme médiateur. Participent également à l'action Henry Ford, Scott Joplin et la militante Emma Goldman. *Zyeux bleus* (1975) de Jerome Charyn adopte le style du thriller pour dépeindre les manœuvres tortueuses de la police, sur fond de corruption et de conflit de générations. L'imaginaire de la génération des « sixties » est scruté par Thomas Pynchon qui évalue les ellipses et les trous noirs d'un univers soumis à la haute technologie. Après *Le Meilleur des mondes* d'Aldous Huxley, il conçoit dans *V* (1963) un système générateur de religion et d'érotisme. Son personnage robotisé, Benny Profane, une « machine messianique », vit dans l'angoisse de se désarticuler, mais son mouvement perpétuel le met à l'abri des risques de crucifixion. Dans *Vente à la criée du lot 49* (1966), le personnage principal est Œdipa Maas qui ne peut accéder à l'héritage d'un ami qu'au prix d'une identification d'un système postal cabalistique connu des pauvres mais ignoré de la société nantie. Le labyrinthe d'interconnections occultes est-il réel ou de nature paranoïaque ? Le récit délibérément ésotérique de Pynchon brouille savamment les pistes. Les allégories de Pynchon signifient qu'hommes et femmes s'efforcent de mettre leur vulnérabilité sous contrôle en devenant des automates doués d'insensibilité. Au travers du symbole de la fusée, dont le parcours s'arque vers la destruction et la mort, *Gravity's Rainbow* (1973) est une satire des opérations secrètes de la Seconde Guerre mondiale où experts scientifiques et psychologues sont de burlesques savants fous. Comme les autres romanciers expérimentaux, Pynchon juge que toute pensée est discours. À l'émotion romantique se substitue dans cette fiction le développement des systèmes de défense qui dévaluent les conceptions traditionnelles des relations amoureuses en permutant les rôles.

6. **Poésie contemporaine : engagement, confession, nature et féminité.** – L'ère des poètes maudits condamnés à la pauvreté et à la souffrance semble désormais révolue. La plupart des auteurs sont maintenant liés à une institution et s'expriment sur eux-mêmes et leur environnement en recherchant des formes d'écriture qui s'affranchissent des modèles envahissants de la culture de masse. L'impact d'un monde chaotique est douloureusement ressenti par la génération de la guerre. « The Death of the Ball

Turret Gunner » de Randall Jarrell (1945) a une valeur cathartique, comme le poème de Richard Hugo « GI Graves in Tuscany » (1969). William Stafford, objecteur de conscience, manifeste son pacifisme dans « At the Bombing Site » (1960) comme Donald Hall contre la guerre du Viêt-nam (« The Man in the Dead Machine », 1969). Ailleurs la sobriété du vers de Gerald Stern évoque l'Holocauste avec une émotion contenue (« The War Against the Jews, 1981).

La nature prend une nouvelle dimension liée à la conscience de soi dans la modernité. Elizabeth Bishop soumet ses vers à une observation intimiste des choses, qu'elle communique sur un riche registre d'émotions (« The Fish », 1946). Robert Lowell (*Lord Weary's Castle,* 1946 ; *History,* 1973) livre souvenirs et pensées immédiates qui libèrent un moi dépouillé d'artifices. Comme les beatniks, il dénonce le capitalisme avec une intensité baroque. Son engagement idéologique est servi par une maîtrise du vers que renforce la fréquentation de littératures étrangères, dont les tragédies de Racine, qu'il a traduites.

Les problèmes existentiels reçoivent une attention particulière des poètes. Theodore Roethke puise dans les profondeurs de la conscience les réminiscences de son enfance. Des métaphores vibrantes, irisées, accompagnent son complexe itinéraire intérieur (« The Waking », 1953 ; « In a Dark Time », 1964). Richard Wilbur est influencé par les symbolistes et Wallace Stevens dans ses vers élégants et spirituels (« Love Calls Us To the Things of this World », 1956).

Les poètes engagés ont succédé à Ginsberg et Lawrence Ferlinghetti à l'exemple de Donald Justice sur la mort de Kennedy (« The Assassination », 1973), de Robert Bly (« Counting Small-Boned Bodies », 1967) et Denise Levertov (« The Altars in the Street », 1967) à propos du Viêt-nam. Gwendolyn Brooks (« We Real Cool », 1960) et Robert Hayden (« Those Winter Sundays », 1962 ; « The Prisoners », 1978) parlent du ghetto noir. Le Mexicain-Américain « Gorky » Gonzalez déploie son militantisme dans les vers épiques de *I Joaquin* (1967) Alurista célèbre la « Raza » métissée hispano-aztèque (*Floricanto en Aztlan,* 1971).

Adrienne Rich explore de manière expérimentale les états de conscience d'une femme dans un discours plurivoque (*Snapshots of a Daughter in Law,* 1963) puis conçoit en féministe un langage affranchi des contraintes patriarcales dans des poèmes autobiographiques. Personnalité fragile, Sylvia Plath fut l'épouse du poète anglais Ted Hughes. Dominée par l'angoisse, elle insuffle dans ses confessions une forme de violence créatrice (« Daddy », 1965). Ann Sexton considère que le poème est le moyen de briser la glace intérieure (« The Farmer's Wife », 1960). L'obsession de la mort s'évacue par le truchement de la confession (*Live or Die,* 1966). Comme Ginsberg, elle imagine ses vers arrachés à son corps dans l'effort de création. Mais le flux des émotions est contenu dans des formes flexibles. Pour Plath et Sexton il n'est plus de distinction entre l'art et la vie.

Le nom de John Berriman est souvent associé à celui d'Ann Bradstreet à qui il a consacré une étude en 1956. Dans sa série des *Dream Songs* (1968) il s'invente un double, Henry, dans un langage parfois tributaire du *minstrel show* (mascarade musicale représentant des Noirs). Les crises personnelles que racontent ses poèmes vagabonds sont vues avec un humour qui crée une complicité avec le lecteur. Le rapport du poète au lecteur se conçoit également comme une véritable synergie dans la poésie expérimentale de Charles Olson. Ses *Maximus Poems* (1960) élaborent une analyse quasi spectographique de l'être, telle qu'elle est transcrite dans une poétique fondée sur la confidence. John Ashbery est tributaire de l'expressionnisme abstrait de Jackson Pollock et des Surréalistes. Ses méditations s'expriment dans un climat onirique, mélodieux et sensuel pour suggérer les réactions sensorielles à l'environnement. Ces « instants d'expériences » qui correspondent à l' « action painting » caractérisent un travail souvent abstrus (*A Wave,* 1984). Robert Duncan renoue avec la poésie cosmologique de Blake afin de découvrir dans les mythes de nouvelles ressources spirituelles pour l'humanité (*The Opening of the Field,* 1960). Enfin Louise Gluck donne à ses vers un ton prophétique qui réaffirme la présence du poète bien qu'elle reste humble et discrète. *The Wild Iris* (1992) a pour décor un jardin où se parlent les fleurs, la divinité tutélaire et la poétesse en charge des lieux. À la conscience du temps qui passe le dieu répond par un détachement ironique que ses interlocuteurs ne peuvent atteindre.

Chapitre IX

LITTÉRATURE EN MOSAÏQUE DU TEMPS PRÉSENT

1. **La faillite de l'initiation.** – L'histoire littéraire est faite d'éternels retours. Les fictions du présent ne prennent leur vraie dimension qu'à l'aune des valeurs du passé auxquelles elles sont confrontées. Christopher Lasch a baptisé « culture du narcissisme » les obsessions de la « Me-Generation » des années 1970. Vertige du vide affectif et récurrence du manque et de l'absence sont ressentis depuis le constat du fossé des générations dans les années 1960. C'est ce thème qu'illustre déjà *Stop-Time* (1967) de Frank Conroy où carence du père et pouvoir de l'intrus minent couples et familles décomposées. *The Runaway Soul* (1991) est le titre révélateur du roman de Harold Brodkey. Épigone de Huck Finn, l'adolescent adoptif échappe au « trou noir » de sa vie et devient un fugitif à la recherche de repères et de lui-même. Dans *Le Monde selon Garp* (1978), John Irving avait imaginé le destin ironique et fatal du fils programmé d'une féministe. *Hotel New Hampshire* (1981) dresse le portrait d'une famille de nomades excentriques dominés par un père aussi obsédé qu'autoritaire. Sur un thème similaire *The Duke of Deception* (1979) de Geoffrey Wolff décrit un géniteur insatiable, infantile et irresponsable, une sorte de Falstaff réincarné en faux roublard. On sent planer l'ombre de Holden Caulfield à lire *A Boy's*

Own Story (1982) d'Edmund White où le complexe d'Œdipe se redéfinit dans le rapport entre le fils gay et le père. L'aliénation de la jeune génération porte à rechercher de nouvelles filiations pour échapper à la sensation d'exil. Ann Beattie donne la parole à une narratrice qui transcrit la banalité des divorces, des enfants ballottés et du mur d'indifférence sur lequel les personnages doivent rebondir (*The Burning House,* 1982). Que reste-t-il du *Bildungsroman* traditionnel ? La quête des origines et de l'identité est le thème de *The Invention of Solitude* (1982). Paul Auster y découvre la fatalité de la désinformation et des falsifications de l'Histoire. La vaine recomposition du passé conduit ainsi à la lassitude. Le titre révélateur de Richard Rhodes *A Hole in the World* (1990) rend compte des traumatismes de l'enfant martyrisé par la belle-mère. Cette présence du mal laisse des traces qui constituent un lourd handicap à l'âge adulte. John Edgar Wideman trouve dans *Brothers and Keepers* (1984) un exutoire à l'angoisse qui le poursuit depuis les crimes commis par son frère et son fils. Le jeu des narrateurs donne au récit une ambiguïté qui sert le propos de Wideman sur la condition de la communauté afro-américaine à laquelle il appartient. Les incertitudes sur le statut des Noirs et leurs divisions après la conquête des droits civiques renvoient au débat sur le partage des responsabilités entre l'individu et la société, l'enfermement constituant l'une des conséquences de la haine entre races. Mikal Gilmore évoque dans *Shot in the Heart* (1994) le destin de son frère Gary, l'un des tueurs les plus célèbres de notre époque, qui obtint d'être exécuté par balles plutôt que sur la chaise électrique. Norman Mailer avait employé son talent à écrire *The Executioner's Song* sur le même sujet. *Shot in the heart* explique le passé criminel de Gary par les déchirures d'une famille où la haine seule dicte les conduites. Comme tant d'autres ouvrages sur les tueurs en série, celui-ci exploite aussi l'engouement du public pour les hors-la-loi. Pour E. L. Doctorow le titre *World's Fair* (1985) signifie à la fois « le monde est beau » et l'exposition universelle qui eut lieu à New York en 1939. L'apprentissage d'un enfant implique la perte de l'innocence, la prise de conscience des fissures de la famille que réverbère le monde à une échelle supérieure, et l'impression d'équilibre instable dans une phase de mutation. *A Thousand Acres* (1991) de Jane Smiley a pour toile de fond les Grandes Plaines de Willa Cather pour évoquer l'innocence perdue dans les tensions entre père et fille. Mais comme aux États-Unis l'humour ne perd jamais ses droits, encore faut-il rappeler une parodie du *Bildungsroman* à la manière de Nabokov. *Edwin Mulhouse : The Life and Death of an American Writer 1943-1954 by Jeffrey Cartwright* (1972) de Steven Millhauser est en effet la biographie comique d'un romancier météorique par l'un de ses copains.

2. **La fascination du dédale.** – Manipulations occultes ? Théorie de la conspiration ? Surinformation ou désinformation médiatiques ? Les romans abordent un monde néo-kafkaïen depuis l'assassinat de Kennedy en 1963. L'œuvre de Gore Vidal paraît, comme celle d'Hemingway, porter des traces de violences collectives que seul l'acte de création littéraire peut exorciser. L'élégante sobriété de Vidal le rapproche de l'honnête homme européen, spirituel et sceptique. Il réécrit l'histoire officielle en débusquant les forces secrètes qui l'auraient dénaturée. Ainsi

Aaron Burr n'est plus participant mais victime d'un complot pour le pouvoir (*Burr,* 1973). Attaché à réinterpréter le passé, Vidal déplore à propos de Julien l'Apostat (*Julian,* 1964) que la sagesse antique soit oblitérée par l'ignorance délibérée de l'Histoire. Les dilemmes de l'individu entre l'affirmation et la passivité sont aussi traduits dans de terrifiantes aventures transsexuelles (*Myra Breckenridge,* 1968). Don DeLillo échafaude des hypothèses sur l'assassinat de Kennedy dans *Libra* (1988). Son *Mao II* (1991) lie le pouvoir des sectes à celui des foules dans une spirale de la simulation au sein de la société du spectacle.

Dans sa trilogie new-yorkaise, Paul Auster crée un paysage urbain surréaliste de labyrinthes, générateurs de dédoublements « poesques » (*The City of Glass,* 1985 ; *Ghosts,* 1986 ; *The Locked Room,* 1986). *Leviathan* (1992) fait allusion à la philosophie de Hobbes pour analyser à travers le terrorisme le rapport du langage à la violence. T. Coraghessan Boyle revient sur l'histoire coloniale dans *Water Music* (1982) en s'interrogeant sur la validité des biographies. L'itinéraire allégorique de l'explorateur Mungo Park en Afrique rappelle celui du Kurtz de Conrad dans *Le Cœur des Ténèbres* et le Niger ressemble au Mississippi de Twain et Faulkner. Cynthia Ozick reprend un thème jamésien avec *The Messiah of Stockholm* (1987) autour d'un texte apocryphe sur la venue d'un messie juif. Ce n'est pas la réalité du texte qui est en jeu mais l'idée de prendre un désir pour une réalité et l'expectative que crée la parole prétendument transcrite. Richard Powers découvre des sanctuaires esthétiques à l'âge de la cybernétique dans un discours polyphonique où le transcendantal se mêle à la high tech et Disney à la logique de la guerre nucléaire (*Prisoner's Dilemna,* 1988).

3. **Femmes et hommes.** – L'écriture des années 1970 a imposé les stratégies narratives du féminisme où coexistent les images de victimes, de lesbiennes radicales et de l'aspiration à sortir des stéréotypes sexistes comme en témoignent Kate Millet (*Sexual Politics,* 1970) Erica Jong (*Fear of Flying,* 1973), Marge Piercy (*Small Changes,* 1973), Grace Paley (*Enormous Changes at the Last Minute,* 1974 ; *Fly Away Home,* 1984), Cynthia Buchanan (*Maiden,* 1972). D'autres voix féminines se sont fait entendre comme celles de Susan Sontag (*Under the Sign of Saturn,* 1980), Mary Robison (*An Amateur's Guide to the Night,* 1983), Ann Tyler (*Breathing Lessons,* 1988), Jane Smiley (*A Thousand Acres,* 1991), Carol Shields (*The Stone Diaries,* 1994). Le féminisme multiforme contraint la fiction à se redéfinir en termes de genre. Joseph McElroy conçoit les nouvelles relations dans *Women and Men* en transposant le titre *Men without Women* (1927) de Hemingway. Ce roman fleuve accumule les écueils dans le labyrinthe des fausses rencontres entre l'Histoire au présent et les mythes de notre temps. Dans *Continental Drift* (1985), Russell Banks imagine les parcours croisés de Bob le Yankee et de Vanise l'Haïtienne destinée à une forme d'esclavage, tous deux migrants en Floride. C'est elle qui survit malgré ses multiples handicaps tandis que l'Américain est un *loser* velléitaire incapable d'affronter les périls. C'est le trajet inverse que fait Quoyle personnage falot de *The Shipping News* (1993) de E. Annie Proulx. Veuf avec deux enfants, rien ne le prédispose à réussir dans son exil sur une côte inhospitalière de Terre Neuve. Mais il relève bravement le défi dans un environnement parfois féroce.

Les personnages de Richard Ford partagent l'humilité d'Ishmael, grâce à une paix séparée avec le monde alentour. Ils acceptent avec lucidité de réduire leurs ambitions à un éden familial sans abandonner totalement leur rêve américain. Demeure l'idéal jeffersonien de la poursuite du bonheur, en cultivant son jardin. C'est la leçon que donne la fête de l'Indépendance, c'est aussi le temps du compromis (*Independence Day,* 1995).

4. **L'écriture au théâtre.** – Si demeure l'engouement pour la scène de Broadway, les auteurs d'avant-garde ont fait du théâtre américain le champ d'expérimentation visuelle des préoccupations contemporaines. Rapports interactifs avec le public, approches surréalistes et minimalistes, jeu sur les grands mythes, sont associées des interrogations actuelles sur l'homosexualité (Ronald Tavel, Charles Ludlam), la guerre (David Rabe) outre la critique sociale de David Mamet, le théâtre multimédia de Robert Wilson qui réalisa des parcours dans un labyrinthe surréaliste *(Mr. Bojangles' Memory). Espèces en voie de disparition* (1990) de Martha Clarke met en scène acteurs et animaux. Tributaire de Berthold Brecht et Antonin Arthaud, le Living Theater de Julian Beck retrouve l'esprit de l'agit-prop et la prédominance de la gestuelle. Le Bread and Puppet Theater de Peter Schumann pratique l'interactivité avec le spectateur en se produisant dans les lieux publics, tout en s'efforçant de concilier le goût populaire avec des ambitions idéologiques héritées de la contre-culture des années 1960.

5. **Du nouveau à l'Ouest.** – Loin d'être éclipsée par le strass des mirages hollywoodiens, Los Angeles ne cesse de stimuler les imaginations. Cité interdite, ville carcérale, espace policier ? Dans une atmosphère pro-

vocatrice de stupre et de débauche Charles Bukowski, « poète lauréat des bas-fonds », offre un tour des bars dans *Post Office* (1971) qui a inspiré le film *Barfly* (1987). Ses personnages sont des durs dont les pulsions spontanées déchaînent la violence et assouvissent la libido. Les poses égocentriques de Bukowski recèlent sous l'ironie un profond désespoir (*Confessions of a Man Insane Enough to Live with Beasts,* 1965). *L. A. Confidential,* roman « postnoir » de James Ellroy nous décrit l'affaire criminelle du restaurant Nite Owl en 1951 avec son cortège de règlements de comptes, de « sexploitation », de corruption au sein du département de la police (LAPD), de scandales financiers et politiques. La terre du rêve vire ainsi au cauchemar dans les tableaux allégoriques peuplés d'Angelinos.

Il s'agit aussi de redécouvrir l'histoire du Far West, occultée sous le poids de ses mythes. *Desperadoes* (1979) de Ron Hansen revient sur le gang des Dalton en humanisant ses membres. *Belle Starr* (1979) de Speer Morgan donne de la hors-la-loi l'image dramatique d'une femme ménopausée et irrésolue qui cherche un sens à sa vie. Douglas Jones représente le général Custer comme une misérable épave s'accrochant à des valeurs périmées (*The Court Martial of George Armstrong Custer,* 1976). C'est une terre de promesses non tenues qu'explore Richard Brautigan dans *A Confederate General from Big Sur* (1964). Son chimérique protagoniste Lee Mellon se croit le descendant d'un général sudiste. Sur fond de culture Beat se révèlent les absurdités de la guerre et de l'éden californien.

Tom Robbins prend pour décor le Washington, les Dakota et Hawaï. Son roman *Even Cowgirls Get the*

Blues (1976) qui associe la pop-culture au western a inspiré d'autres auteurs « cowboy-hippies » comme Gino Sky (*Appaloosa Rising : The Legend of the Cowboy Buddha,* 1980) et Rob Swigart (*Little America,* 1977). Se situant dans le Texas d'aujourd'hui où derricks et tours de bureaux ont remplacé les ranches, les protagonistes texans des romans d'Elmer Kelton ne manient plus le revolver à six coups car les règlements de comptes ont lieu devant des ordinateurs, bien que le mal qu'on pourchasse émane toujours d'affairistes cupides et de shérifs corrompus. Dans *The Time It Never Rained* (1973), Charlie Flagg est un vieil homme épuisé par le combat qu'il mène pour éponger ses dettes alors que sévit la sécheresse. Isolé et jugé excentrique par son entourage, il ne peut se résoudre à la soumission aux bureaucrates qui ne parlent que de subventions et de capitulation face aux exploitations de l'agrobusiness. *The Man Who Rode Midnight* (1987) met en scène Wes Hendrix, autre rancher vieillissant menacé d'expropriation par les créateurs d'un parc de loisirs.

Dans *The Underground Man* (1971) et *Sleeping Beauty* (1973) Ross Macdonald fait resurgir le protagoniste adamique égaré dans le Nouveau Monde et détaché de l'Histoire, seul, face à lui-même et ne puisant que dans ses propres ressources pour survivre face à une société autodestructrice, obsédée par l'argent et le sexe. Cernée entre les sierras et le Pacifique, Los Angeles se repaît d'illusions qui se substituent au rêve de l'Eldorado. Le protagoniste de MacDonald tente de s'arracher à l'envoûtement de « la mégapole instantanée superposée à la nature ». Il reste cependant des lueurs d'espoir pour les humbles et les lucides dans ce monde fragilisé, narcissique et mégalomane.

6. **Écrivains du Montana.** – Depuis une vingtaine d'années, Missoula est devenu le bastion d'une nouvelle école de romanciers qui entendent créer un univers alternatif en suivant leurs propres pistes à la recherche du sacré. C'est sur une terre résonnant de batailles et longtemps hérissée de missiles que se sont installés James Welch, Thomas McGuane, Jim Harrison, Richard Ford et James Crumley. Le passé assume dans leurs œuvres une présence écrasante. Cet héritage est lourd à porter car il est rempli de l'écho de luttes féroces, de scandales et de règlements de comptes sanglants. Mais demeure dans l'imaginaire du Montana la solitude réparatrice du chasseur, du pêcheur, du trappeur et du cavalier. Si les romanciers sont tributaires de l'iconographie du western, ils entendent la subvertir sans toutefois parvenir à s'en libérer complètement. L'essentiel est pour eux de se ressourcer dans la nature sauvage à l'exemple de Jim Harrison *(Un Bon jour pour mourir, 1973),* Larry Watson *(Montana, 1948),* Dan O'Brien (*Brendan Prairie,* 1996) et Richard Ford *(Rock Springs, 1987).* Conscience provocatrice de l'instantané, fascination de la démesure et retour aux sources déterminent encore la création littéraire.

7. **L'Ouest de Paul Auster et Cormac McCarthy.** – C'est le regard d'un intrus que porte sur l'Ouest Paul Auster dans *Moon Place* (1989). Ce récit initiatique passe par l'aventure entre passé et présent, le New Jersey et le Nevada. La mémoire se reporte ainsi sur le début du siècle au travers d'un parcours à la fois autobiographique et topographique dans les déserts du Sud-Ouest. Le protagoniste innocent de l'Est est confronté à un monde émergeant à peine de la conquête.

Le Grand Désert salé n'est qu'un « ossuaire d'oubli ». Le narrateur s'efforce de faire des croquis mais les impressions deviennent confuses : nuages, montagnes et neige se fondent dans un paysage flou. Les colonnes de pierres ne sont pas des obélisques mais le produit de l'érosion.

Deux romans de Cormac McCarthy nous mettent au cœur de la violence et de l'aliénation. Dans *Blood Meridian* (1985), l'Ouest est une vallée de la mort où le « Kid » se joint à des chasseurs de primes sanguinaires qui scalpent les Indiens sur la frontière mexicaine au milieu du XIXe siècle. Le roman introduit l'« hubris » de la tragédie grecque dans un monde darwinien. Il manque sans doute à McCarthy la dimension faulknérienne de l'endurance et de l'humanité mais son style alterne l'humour à froid et le crescendo de l'horreur. Dans *All the Pretty Horses* (1992), le jeune cow-boy John Grady Cole quitte le ranch du Texas dont sa famille est dépossédée pour gagner le Mexique où il retrouve les grands espaces mais aussi la violence du temps de la Frontière. À son retour au Texas, il apparaît aux yeux de ses compatriotes comme la relique d'un passé révolu. Temporairement employé sur un puits de pétrole, il repart de nouveau à cheval en quête des ombres du passé, entre les derricks et les « wickiups » abandonnés des Indiens. Ce roman d'une prairie perdue est une réponse désabusée à *Giant* (1952) d'Edna Ferber.

8. **Appartenance, différence et exclusion.** – Le culte de la différence institué par le multiculturalisme a réévalué les distinctions sexuelles, sociales, ethniques et religieuses parfois jusqu'aux excès « politiquement corrects ». William Goyen raconte l'errance d'un her-

maphrodite rejeté par la société (*Arcadio,* 1984). Raymond Carver est le chroniqueur des humbles, des existences blafardes d'ouvriers (*Parlez-moi d'amour,* 1981 ; *Les vitamines du bonheur,* 1985). Dans *An Orphan in History* (1982), Paul Cowan plaide pour le retour au judaïsme afin de reconquérir les racines perdues de Juifs-Américains laïcisés. Pareil déni du melting-pot peut sembler *a priori* préserver l'identité du clan mais la littérature américaine abonde en illusions déçues sur le pouvoir qu'inspire un passé transfiguré. Julius Lester aborde les conflits entre Noirs et Juifs dans *Lovesong : Becoming a Jew* (1988) au travers de l'apprentissage d'un langage conciliateur de nature à exclure une rhétorique entretenue par des années de militantisme. Le choc des cultures est ressenti par Eva Hoffman qui tente de comprendre le langage d'une Amérique incertaine dans *Lost in Translation* (1989). Elle y voit une anomie et une solitude, thèmes en vogue de la psychologie. L'univers clos du *barrio* portoricain de New York ne rebute pas Edward Rivera qui mesure le chemin parcouru depuis son île. La précarité et les dangers n'entament pas le désir de la Terre promise.

Prix Nobel en 1993, Toni Morrison décrit le parcours historique et intérieur de l'Afro-Américain afin qu'il n'appartienne qu'à lui-même. Style narratif, perception du temps et prolepse créent une surréalité faulknérienne. Transparaissent sous le folklore noir des valeurs qui assument une valeur universelle. L'écriture reste néanmoins intimement liée à la négritude. *La Chanson de Salomon* (1970) est une allégorie renversée où la naissance succède à la mort par la redécouverte d'un héritage spirituel grâce à une femme qui sert d'esprit tutélaire. *Tar Baby* (1981) est un drame cruel où les stéréotypes blancs et noirs s'ajoutent à ceux de la sexualité pour aggraver l'aliénation d'une femme poussée à l'infanticide. *Beloved* (1987) doit autant à Ellison qu'à Faulkner pour l'image d'un exil de soi-même Le secret gardé d'un infanticide s'inscrit dans une version afro-américaine du mythe grec de Médée. Dans *Jazz* (1992) le drame se joue entre la plantation de coton et le ghetto du Nord. Il n'existe pas de différence entre sédentaires et nomades dans la condition des Noirs condamnés à l'errance et au doute. *Paradise* (1998) entreprend de dénoncer la violence sexiste en écartant les stéréotypes au sujet d'un affrontement entre hommes noirs et femmes blanches d'un couvent d'Oklahoma. Le discours plurivoque évite de verser dans le manichéisme et suggère une vision ironique du paradis américain. Native de Géorgie, Alice Walker a été militante active des droits civiques mais elle récuse le radicalisme des mouvements noirs. En se situant dans la lignée de Ralph Ellison, elle préconise un humanisme qui transcende les rancœurs. Son féminisme dépasse aussi les frontières raciales à en juger par ses portraits de Noirs violents et lubriques et de femmes humiliées dans *The Color Purple* (1982).

L'univers des Mexicains-Américains trouve dans la fiction de Rudolfo Anaya, Sandra Cisneros et Rolando Hinojosa un moyen d'expression de la « Raza » hispano-aztèque, des mythes syncrétiques, entre Vierge de Guadalupe et aigle fabuleux des légendes indiennes. En 1959, José Villarreal attire l'attention du public sur l'identité du Chicano en proie aux tensions identitaires de l'acculturation *(Pocho)*. S'inspirant de cette culture métissée de la *curandura* qui intègre le sacré et la magie au vécu quotidien, Rudolfo Anaya inscrit la figure de la pleureuse *llorona* dans l'ordre naturel (*Bless Me Ultima,* 1972). La régénération culturelle de la diaspora mexicaine redonne ainsi un sens à des pratiques instinctives, longtemps enfouies dans un lointain passé. Dans le droit fil d'Anaya, Gloria Anzaldua décrit dans *Borderlands/La Frontera* (1987) les territoires semi-désertiques à l'ouest du Texas en les investissant de la noblesse et de la sérénité de peuples qui ont survécu aux pillages, à la politique de la terre brûlée et aux haines interraciales. La métisse hispano-indienne, qui traverse le Rio Grande, appartient selon Anzaldua à une race cosmique qui transcende les âges. Les témoignages de l'histoire d'Aztlan entretenus dans la ferveur jalonnent les œuvres de nombreux auteurs de la Raza à l'instar de Simon Ortiz et Lorna Dee Cervantes.

Les Asiatiques américains accèdent à la notoriété littéraire d'abord avec Maxine Hong Kingston (*The Woman Warrior,* 1976), puis vient la saga chinoise polyphonique de Amy Tan (*The Joy Luck Club,* 1989). Mais depuis les années 1970, d'autres écrivains ont tenté de bâtir des ponts entre générations et communautés dans une fiction en anglais. L'exclusion a longtemps frappé Chinois et Japonais, rejetés dans chinatown ou Little Tokyo et souvent contraints à de pénibles besognes. Le dramaturge D. H. Hwang évoque les grèves des *coolies* cheminots du transcontinental en 1867 (*The Dance and the Railroad,* 1982). L'exil, le racisme, la reconstruction du passé, les stéréotypes sexuels et la condition des femmes sont les thèmes récurrents qui mobilisent les talents de médiateurs entre cultures extrême-orientales et occidentales comme John Okada *(No-No Boy),* Luis Chu *(Eat a Bowl of Tea),* Frank Chin *(The Chickencoop China-*

man). L'Asie paraît souvent rétrograde aux yeux des immigrés qui souffrent pourtant d'incompréhension, tandis que s'inversent les rôles traditionnels. Dans *The Coffin Tree* (1983) de Wendy Law Yone, le héros avait semblé invulnérable en Birmanie mais incapable de s'adapter sur le sol américain, il sombre dans la folie et meurt. Sa sœur présumée fragile survit dans un monde étranger où elle s'est affranchie des contingences.

Cooper avait brossé des portraits d'Indiens nobles, farouches et parfois félons. En 1932, John Neihardt recueillait le témoignage autobiographique d'Élan noir *(Black Elk Speaks)*. Aujourd'hui, Tony Hillerman prend pour détectives de ses romans policiers deux Navajos au flair ancestral. Depuis les années 1960 nombreux sont les écrivains indiens qui ont pris la plume pour se joindre à une véritable renaissance culturelle. Scott Momaday d'ascendance cherokee et kiowa traduit le passé mythique et la pensée tribale des communautés (*La Maison de l'aube,* 1968). Il entend ainsi se réapproprier une identité victime de l'ethnocide. Vine Deloria, Sioux, rend justice à sa tribu décimée dans *Custer est mort pour vos péchés* (1969). Le pied-noir James Welch, manie humour et drame (*L'Hiver dans le sang*, 1974). Gerald Vizenor, Chippewa, fait de *Darkness in St. Louis Bear Heart* (1978) un parcours initiatique. Trois femmes se sont également affirmées. D'origine pueblo, Leslie Silko allie le romanesque à l'élan spirituel dans *Cérémonie* (1977). C'est dans la même veine que puise Paula Gunn Allen qui, outre ses poèmes, redécouvre une identité collective dans son roman *La Femme qui possédait les ombres*. *Love Medecine* de Louise Erdrich, Chippewa, brosse un tableau, haut en couleurs et grave à la fois, de familles indiennes dans leur vie quotidienne.

CONCLUSION

Nul ne sait quels seront demain les chemins de la création et encore moins comment on appréhendera les œuvres du passé et du présent. Aujourd'hui le rôle attribué à la théorie littéraire dans ses tendances les plus extrêmes, fait d'une œuvre la simple illustration de concepts préétablis. Aux États-Unis un nouveau canon tend à privilégier les auteurs qui se prêtent le mieux aux approches sociologiques, ethniques et politiques. Aussi les anthologies ont-elles souvent substitué des textes dont la valeur esthétique était secondaire, à ceux de grands auteurs « masculins, blancs et morts » parce que ceux-ci n'entraient pas dans les critères d'un multiculturalisme exacerbé. Si autrefois une importance démesurée était donnée à l'auteur luimême, la nouvelle critique avait depuis mis l'accent sur l'analyse textuelle en termes d'unité organique, de métaphores ou de paradoxes. Depuis la vogue du déconstructionnisme qui a renouvelé les rapports entre langage, philosophie et littérature, des conceptions parfois excessives ont débordé des intentions premières du processus pour montrer comment un texte est pris au piège du discours. Quels que soient les choix du lecteur, la bibliographie ci-dessous cite sommairement des sources de nature à l'aider dans son exploration d'un univers dont cet ouvrage de mise au point n'est qu'un modeste miroir.

BIBLIOGRAPHIE

OUVRAGES EN LANGUE FRANÇAISE

Seuls ont été retenus ici des ouvrages synthétiques.

Benjamin-Labarthe Elyette, *Vous avez dit Chicano ? Anthologie thématique de poésie chicano,* Bordeaux, MSHA, 1994.

Béranger Jean, Gonnaud Maurice, *La littérature américaine jusqu'en 1865,* Paris, Armand Colin, 1974.

Brown John, *Panorama de la littérature contemporaine aux États-Unis,* Paris, Gallimard, 1954.

Cabau Jacques, *La prairie perdue,* Paris, Seuil, 1981.

Chénetier Marc, *Au-delà du soupçon,* Paris, Seuil, 1989.

Duban François, *L'écologisme aux États-Unis,* Paris, L'Harmattan, 2000.

Deflaux Pierre, *Aspects idéologiques du roman américain de la Deuxième Guerre mondiale,* Paris, Didier, 1984.

Fabre Michel, *La Rive noire de Harlem à la Seine,* Paris, Lieu commun, 1985.

Grandgeat Yves C., Benjamin-Labarthe E., Lerat C., Ricard S., *Écritures hispaniques aux États-Unis,* PU de Provence, 1990.

Lagayette Pierre, *L'Ouest américain. Réalités et mythes,* Paris, Ellipses, 1997.

Martin Jean-Pierre, *Le puritanisme américain,* PU de Bordeaux, 1990.

Pasquier Marie-Claire, *Le théâtre américain d'aujourd'hui,* Paris, PUF, 1978.

Petillon Pierre-Yves, *Histoire de la littérature américaine, notre demi-siècle,* Paris, Fayard, 1992.

Poli Bernard, *Le roman américain, 1865-1917,* Paris, Armand Colin, 1972.

Rougé Jean Robert, *L'inquiétude religieuse dans le roman américain moderne,* Paris, Klincksieck, 1973.

Royot Daniel, Béranger Jean, Carlet Yves, Vanderbilt Kermit, *Anthologie de la littérature américaine,* Paris, PUF, 1998 (3e éd.). Textes en anglais, commentaires et notes en français.

Royot Daniel, Bourget Jean-Loup, Martin Jean-Pierre, *Histoire de la culture américaine,* Paris, PUF, 1993.

Royot Daniel, *L'humour et la culture américaine,* Paris, PUF, 1996.

Sarotte Georges, *Comme un frère, comme un amant,* Paris, Flammarion, 1974.

La collection « Voix américaines » (Belin) publie une série de monographies sur les écrivains américains. Articles dans *Revue française d'études américaines, Études anglaises, Profils américains, RANAM.*

OUVRAGES EN ANGLAIS

Columbia Literary History of the United States, Emory Elliott (ed.), New York, Columbia University Press, 1988.

Encyclopedia of Southern Culture, C. Wilson (ed.), U of Carolina Press, 1989.

Literary History of the American West, G. Taylor (ed.), Texas Christian UP, 1987.

Day Martin, *History of American Literature from 1910 to the Present,* New York, Doubleday, 1971.

Guttman Allen, *The Jewish Writer in America,* Oxford UP, 1971.

Hoffman Daniel, *Harvard Guide to Contemporary American Writing,* Harvard UP, 1979.

Karl Frederick Karl, *American Fictions,* 2 volumes : *1940-1980* ; *1980-2000,* New York, Harper & Row, 1983 et 2001.

Rosenthal M. L. *et al., The Modern Poetic Sequence,* Oxford UP, 1983.

Smith Valerie, *Self-Discovery and Authority in Afro-American Narrative,* Harvard UP.

American Literary Scholarship, D. Nordloh, G. Scharnhorst, Duke UP (volumes annuels).

SUR LE WEB

Pages de liens sur la littérature de l'Association française d'études américaines pour consulter les publications des américanistes français :

http://etudes.americaines.free.fr/linklit.html#general
http://etudes.americaines.free.fr/linklit.html

Autre site en français

http://www.sudam.uvsq.fr/etudesam/etudesam_old.htm
http://saesfrance.org (Société des anglicistes de l'enseignement supérieur)

Sites en anglais

http://www.uk250.co.uk/uk/search/for/American+literature
http://www.indiana.edu/~libsalc/pwillett/english-www.html
http://www.guweb2.gonzaga.edu/faculty/campbell/
http://usinfo.state.gov/usa/infousa/arts/literat.htm

TABLE DES MATIÈRES

Imprimé en France
par Vendôme Impressions
Groupe Landais
73, avenue Ronsard, 41100 Vendôme
Mars 2004 — N° 51 040